Edition Paashaas Verlag

EPV

Titel: **Fundstücke 2**
Autor: Renate Habets
Originalausgabe November 2024
Covermotiv: Renate Habets
Covergestaltung: Michael Frädrich
Printed: BoD GmbH, Norderstedt

ISBN: 978-3-96174-155-7

Die Deutsche Nationalbibliothek verzeichnet diese Publikation in der Deutschen Nationalbibliografie; detaillierte bibliografische Daten sind im Internet über http://dnb.d–nb.de abrufbar.

Fundstücke 2

FSC
www.fsc.org
MIX
Papier aus verantwortungsvollen Quellen
Paper from responsible sources
FSC® C105338

Vorwort

Fundstück:
"Gegenstand oder ähnliches, was von jemandem entdeckt wurde", habe ich gelesen, als ich meine ersten Geschichten als "Fundstücke" veröffentlicht habe.
Entdeckt, gesehen, betrachtet, angenommen, habe ich damals gedacht, denke es noch heute – Fundstück.
Lustig kann es sein, böse, rührend, kurios oder auch traurig. Geschrieben und – oft vergessen, dass es geschrieben worden ist. Neu gelesen und wieder entdeckt – ein Fundstück halt.
So ist es mir mit diesen Geschichten gegangen. Vieles habe ich beobachtet, wahrgenommen, ausgedacht, niedergeschrieben, vergessen – und: wieder gefunden!
Aber nicht nur die Geschichten sind Fundstücke in mehrfachem Sinn, sondern auch das Bild.
Ich bin am Meer entlang gegangen, und da lag er vor mir, der Blumenstrauß im Sand am Rand der Wellen.
Ich habe ihn fotografiert und so nach Hause mitgenommen, ein Fundstück auch er.

Die Texte habe ich, wie ich sie gefunden habe, zusammengestellt: ungeordnet, ein bunter Strauß von Fundstücken.
Einige der Geschichten sind in Anthologien des Edition Paashaas Verlag erschienen, die meisten unveröffentlicht.
Viel Spaß beim Lesen der "Fundstücke 2" wünsche ich.

Der Geburtstag

Die Feier war vorüber, die Gäste waren gegangen. Nun waren nur noch sie beide übrig geblieben, sie und die Mutter. Die alte Dame saß in ihrem grauen Seidenkleid in dem Lehnsessel am Fenster, den sie so liebte, weil sie ihn aus ihrer Wohnung in das Heim mitgebracht hatte, in dem sie nun lebte und die weitaus älteste Bewohnerin war.

Lang war der Tag gewesen. Der Bürgermeister hatte seine Glückwunsche überbracht, für das Zeitungsfoto hatte die Mutter ihrer allerschönstes Lächeln aufgesetzt.

„Sie hat ja noch so viel Charme“, sagten die Leute.

Ein Kinderchor hatte gesungen, und der Pfarrer war auch mit ein paar warmen Worten und zwei Flaschen Rotwein – „Der ist gesund für ein langes Leben, haha“ – vorbeigekommen, das ließ er sich nicht nehmen.

Die Mutter hatte es genossen, alles, jede Sekunde dieses Tages, an dem sie wieder einmal uneingeschränkt im Mittelpunkt gestanden hatte. 103 Jahre war sie geworden, das sollte ihr mal jemand nachmachen! Alle hatte sie überlebt, wirklich alle, die früher viel gesünder gewesen waren als sie, die als zart gegolten hatte. Dieses Überleben war ihr Triumph! So konnte sie nun voll Zufriedenheit auf diesen Tag zurückblicken.

Die Tochter kauerte in der Ecke auf einem Schemel, erschöpft, die Hände ineinander verkrampft und konnte es nicht fassen. 103 Jahre war die Mutter heute alt geworden, 103 Jahre. Sie würde auch noch einen weiteren Geburtstag erleben, dessen war sie sicher. Über diesen Gedanken erschrak sie. Musste sie denn nicht froh sein, dass die Mutter noch bei ihr war? Wie oft hatte sie früher um ihr Leben gefürchtet, voller Angst im Krankenwagen gesessen, wenn man die Mutter mal wieder als Notfall eingeliefert hatte oder sie in der Nacht in atemberaubendem Tempo die 40 Kilometer von ihrem Zuhause zum Krankenhaus zu ihr gefahren war. Nach all den vielen Operationen, bei denen es um alles gegangen war, hatte sie gebangt und gebetet, dass die Mutter es überleben möge, dass sie noch nicht von ihr Abschied nehmen müsse. Nun war sie 103 Jahre alt geworden, und sie fürchtete den nächsten Geburtstag! Das durfte nicht sein, man liebte seine Mutter doch, es war schön, sie noch zu haben!
Sie selbst war nun auch schon weit über siebzig, seit vielen Jahren pensioniert und frei, wie sie gedacht hatte, als sie aus dem Dienst gegangen war. Aquarellieren hatte sie wieder gewollt, in Ausstellungen gehen, auch eine Fahrt nach Australien hätte sie sehr gereizt – all das eben, was in der Zeit des Berufes zu kurz gekommen war. Die Farben waren im Schrank

geblieben, nur hin und wieder hatte sie sie sehnsuchtsvoll in die Hand genommen, in Museen war sie auch nur dann gekommen, wenn die Mutter ihr ein wenig Luft gelassen hatte, und Australien war unerreichbar für sie gewesen: Die Mutter hatte sie gebraucht. Seit sie pensioniert war, hatte die Mutter ihre Hilfe noch viel mehr benötigt, war scheinbar hinfälliger gewesen, hatte der Tochter stets bedeutet, wie sehr sie sie brauchte. Sie hatte schließlich früher auch alles für die Tochter getan, da konnte man sie doch nicht im Stich lassen. Manchmal zweifelte die Tochter, ob es wirklich notwendig sei, dass sie in das Heim zu der Mutter fuhr, nur um ihr Bett zu überziehen oder die Zweitbrille zu suchen. Es gab immerhin Leute im Heim, die das tun konnten. Aber dann hatte sie sich diesen Gedanken wieder verboten. Das war zu egoistisch, die Mutter war doch sehr alt, wer weiß, wie lange sie noch leben würde. 103 Jahre, und sie war immer noch Tochter! Aber durfte man sich denn wünschen, dass die Mutter starb? Man durfte doch den Tod nicht wollen! Wenn die Mutter ihr nur ein wenig mehr Luft zum Atmen ließe ..., einmal drei Wochen ungestört an die Ostsee fahren, das wäre schön. Sie schaute auf die Mutter, die in ihrem Feststaat am Fenster saß und lächelte wie ein junges Mädchen. Sie, die Tochter, war zu müde zum Lächeln, zu alt geworden, viel mehr als 103 Jahre.

Das Märchen vom Atem

Es war einmal ein kleines Mädchen, das trug voll Stolz ein Kleid mit wunderschönem Muster, und alle Menschen, denen es begegnete, bewunderten es wegen dieses Kleides. Sie schauten es gerne an, lächelten und freuten sich mit ihm, und das kleine Mädchen lächelte zurück, ging aufrechten Hauptes durch die Welt und fühlte sich ganz sicher mit seinem Kleid.

Eines Tages aber kam ein gewaltiger Sturm auf, als das Mädchen im Wald spazieren ging. Es versuchte sich vor ihm zu verstecken, aber dieser zerrte an seinem Kleidchen so lange, bis das Mädchen es loslassen musste und der Sturm es mit sich nahm.

Das Mädchen weinte bitterlich, denn es war doch so stolz auf dieses Kleidchen gewesen, das es so sicher gemacht hatte und an dem alle sich erfreut hatten. Nun entdeckte es, dass es nackt war und erschrak sehr. Es mochte nicht mehr unter die Leute gehen, die es alle nur mit dem wunderschönen Kleidchen gekannt hatten. Es zog sich zurück, saß nur in seinem Kämmerchen, weinte und wollte nicht mehr leben.

Das ging so lange, bis es eines Tages eine Stimme hörte, die zu ihm sprach: „Weine nicht, kleines Mädchen, es kann alles gut für dich werden. Aber du darfst nicht nur in deinem Kämmerchen sitzen. Gehe hinaus in die Welt, so wie du bist!“

Zögernd erhob sich das kleine Mädchen und ging verschämt und ängstlich hinaus in die Welt, bedeckte nur mühsam seine Blöße. Wenn es in die Gesichter der Menschen schaute, die es traf, glaubte es, in ihnen zu lesen, dass sie es nicht mehr mochten wegen seiner Nacktheit, und es schämte sich noch mehr. Es ging gesenkten Kopfes, damit niemand es mehr erkannte, und langsamen Schrittes. Es wollte nicht mehr leben.

Da hörte es wieder diese Stimme, die sprach: „Hebe deinen Kopf, kleines Mädchen, damit du die Rettung siehst. Folge mir, und ich werde dir helfen."

Und im gleichen Augenblick sah das kleine Mädchen einen Vogel, der vor ihm her hüpfte und mit den Flügelchen schlug. Es ging eine ganze Weile hinter ihm her, bis sie tief im Wald an einen Brunnen kamen. Hier hielt der Vogel an und verschwand.

„Spring in diesen Brunnen, der blaue Fluss dort unten wird dir Rettung bringen", hörte es wieder die Stimme, aber das Mädchen traute sich nicht, sondern blieb nur hilflos vor dem Brunnen stehen und weinte.

„Spring in diesen Brunnen", sagte die Stimme erneut. Aber wieder traute sich das Mädchen nicht, sondern weinte noch viel mehr.

„Spring in diesen Brunnen", hörte es die Stimme nochmals. Weil es so verzweifelt war und es schlim-

mer nicht noch kommen konnte, nahm es all seinen Mut zusammen und sprang in den Brunnen.
Es fiel und fiel und fiel, bis es endlich unten den blauen Fluss fand. Aber dieser machte ihm Angst, und es wusste nicht, was es tun sollte. Nachdem es eine ganze Weile gewartet hatte, stieg es vorsichtig mit beiden Beinen in den Fluss, blieb aber dort stehen, weil es die Kälte erschreckte.
„Geh in ihn, vertrau dich ihm an", hörte es.
Da ging es tiefer in den Fluss hinein. Weil es aber Angst bekam, als der Fluss seinen Körper benetzte, strampelte es heftig und versuchte zu fliehen.
„Vertrau dich ihm an, nur so kann dir geholfen werden."
Es ging also weiter, bis seine Füße keinen Boden mehr fanden.
„Du musst ihm vertrauen", hörte es die Stimme zum dritten Mal, und da legte es sich auf das Wasser und ließ sich treiben. Als es ganz ruhig geworden war, schaute es um sich und sah, dass der Fluss ein wunderbares, heilsames Blau hatte, und es spürte, dass er es trug. Es sah, wie der Fluss ganz in der Ferne zu einem riesigen dunkelblauen Strom wurde, der in das Meer mündete. Was es sah, gefiel ihm. Einen Augenblickdachte es nicht mehr an seine Nacktheit. Es breitete die Arme aus und ließ sich von dem Fluss tragen,

und immer, wenn es wieder ängstlich wurde, dachte es an die Stimme: „Vertrau ihm!"
So trug der blaue Fluss es immer weiter abwärts. Je länger es trieb, umso mehr vertraute es dem Fluss und umso weniger dachte es an seine Nacktheit. Das Blau des Flusses hüllte es ein, trug es weiter, mit jeder Welle stieg es empor und senkte sich mit ihm, und es fühlte sich wundersam geborgen in diesem Blau.
Der Fluss wurde zum unendlichen Strom. Als er sich dem Meer näherte, schaute das Mädchen an sich herab. Und es sah, dass es nicht mehr nackt war, sondern ein neues, noch viel schöneres Kleid trug mit einem gar wunderbaren Muster. Als es genauer hinschaute, sah es, dass in dieses neue Muster das alte gewoben war und beide gemeinsam die Pracht des Kleides ausmachten.

Ehe der Fluss das Meer erreichte, streckte sich das kleine Mädchen noch einmal ganz in dem Wasser aus, dass jedes Fetzchen Haut vom Wasser berührt wurde. Dann ließ es sich ans Ufer treiben. Ruhig nahm es ein wenig von dem blauen Wasser in seine Hände. Wie in einem Kelch trug es es nach Hause.
Aufrechten Hauptes und frohen Blickes erreichte es seine Heimat. Alle Menschen, die es sahen, lächelten ihm zu. Das blaue Wasser, das sie in seinen Händen

sahen, machte sie so froh, dass sie sich mit ihm freuten, mehr als je zuvor. Und das kleine Mädchen ging immer sicherer seinen Weg.

Immer wieder

Wie oft ich mir geschworen habe, ich benutze keine Ausreden mehr, ich weiß es nicht. Das ist ja eigentlich schon wieder eine Ausrede, merke ich gerade. Es geht nicht um Ausreden, es geht um Lügen. Lügen sind nämlich all diejenigen Aussagen, die nicht stimmen. Wenn ich sie ausspreche, weiß ich, dass sie nicht stimmt, also unwahr ist. Je sicherer ich das tue, sie nämlich aussprechen, desto eher glaubt der Zuhörer sie. Davon gehe ich aus. Wenn ich lüge, rufe ich einen falschen Eindruck hervor. Basta, so ist es. Eigentlich weiß ich das.

Mein Problem: Mitunter will ich ja auch einen falschen Eindruck erwecken! Das ist oft genug schiefgegangen ... Daher habe ich mir vorgenommen: Ich lüge nicht mehr. Bin fest davon überzeugt gewesen.

So auch heute. Ein schöner Tag ist es. Von einem blauen Himmel strahlt die Sonne hernieder. Es ist für einen Frühlingstag nicht zu kalt, aber auch nicht zu warm. Einer regnerischen, stürmischen Woche ist er gefolgt, in der ich kaum vor die Tür gekommen bin. Es auch gar nicht wollte.

Aber heute! Es juckt in allen Gliedern, als ich aus dem Fenster auf die besonnte Straße schaue und die Studenten unten erblicke, die in bereits leichter Bekleidung lachend und fröhlich aufeinander einreden und in die Vorlesung eilen. Jetzt an den See, schießt mir durch den Kopf, meine Runde drehen, vorbei an den blühenden Wiesen, die bis an den Uferrand reichen. Dann in den lichten sonnenbesprenkelten Hain eintauchen, der ein wenig Schatten spendet, aber auch immer wieder die Sonnenstrahlen durch die noch kleinen Blättchen lässt. Ganz genau kann ich mir ihn vorstellen, diesen Weg, den ich so liebe. So oft schon bin ich ihn gegangen, habe meine Freude, aber auch meinen Schmerz mitgenommen. Beides hat er stets gemäßigt: den Überschwang, zu dem die Freude verführen kann, aber auch den Schmerz, den er gelindert und abgeschwächt hat.

Mein Lieblingsweg ist er auf diese Weise geworden. Auch heute drängt es mich zu ihm, meinen Höhlenkoller der letzten Tage dort zu lassen. Schnell eile ich ins Schlafzimmer, um mir eine leichte Cordhose und den gestreiften Pullover, den ich nur trage, wenn ich gut drauf bin, zu holen, da bleibe ich abrupt an der Türe stehen.

Schiete! Und noch mal Schiete, schießt es mir durch den Kopf. Da ist doch ... Ja, da ist dieser 60. Geburtstag, zu dem ich eingeladen bin. Seit Wochen schon. Zugesagt habe ich auch, obwohl ich eigentlich überhaupt keine Lust hatte, hinzugehen. Aber ..., ich bin überhaupt nicht auf die Idee gekommen, dass man ja absagen kann. Es gab keinen Grund, ich habe frei an diesem Abend, also sagt man zu. Man ist ja schließlich ehrlich!

Schiete. Das wird sicher wieder furchtbar. Veganes Essen! Puh! Und dann diese Frauen vom Lauftreff, die sicherlich wieder alle da sein werden. Der ganze Abend wird bestimmt damit vergehen, dass sie sich gegenseitig ihre Lauferfolge mitteilen. MITTEILEN! Übertrumpfen werden sie sich. Eine wird schlimmer als die andere sein. Wenn dann noch ihre Männer eins drauf tun – mir graust.

Über nichts anderes wird geredet werden: den furchtbaren Trainer, die ungerechte Beurteilung, die Mühen der Strecke, die Last der Anstrengung, die kneifende Unterhose, die fehlende Rücksichtnahme aller ...

Immer gemeiner werden meine Gedanken, immer abstoßender die Vorstellungen, immer ätzender das Empfinden. Dazu veganes Essen! Trinken kann ich auch nichts, muss ja Auto fahren.

Ich kann da nicht hin. Warum habe ich das nicht gleich bedacht? Wieso war ich so blöd, zuzusagen zu kommen? Weshalb ...?

Nein, ich muss absagen. Ganz klar ist das nun. Aber wie? Obwohl ich es ja eigentlich besser weiß, fällt mir nur wieder eines ein: Erkältung. Ich bin krank! Dass ich diese Ausrede nie mehr benutzen wollte – das hatte ich mir geschworen, nicht nur einmal –, vergesse ich, sondern räuspere mich schon heftig, um meine Stimme auf angegriffen, geschwächt, elend einzustellen.

Während ich nach einer sehr kurzen Zeit des Bedenkens – Soll ich? Oder doch nicht? – die Telefonnummer wähle, bei der letzten Ziffer ein wenig verharre, sie dann aber doch entschlossen beende, schlägt mir das Herz bis zum Halse. Eigentlich sollte ich ganz schnell auflegen, das gehört sich nicht, dass ich ...

Aber ehe ich mit diesem Gedanken zu Ende komme, wird der Hörer aufgenommen, die fröhliche Stimme des Geburtstagskindes ertönt, erwartungsvoll. Sicher erwartet sie jedoch nicht das, was nun kommt.

„Äh", krächze ich mit tiefer dunkler Stimme, räuspere mich ausführlich (Ist das nicht zu viel?) und stottere dann meine Geburtstagswünsche. Erstaunt reagiert die Einladende, aber ehe sie etwas sagen kann, ächze und stöhne ich mit gebrochener Stimme, immer von Husten und Naseziehen unterbrochen, meine Absage. „Schwer erkältet. Fieber. Kann nicht." Mit fast ersterbender Stimme verabschiede ich mich, warte die Reaktion der Angerufenen nicht ab.

Basta, geschafft, ich bin frei, mein erster Gedanke. Der wird jedoch schnell abgelöst von vielen Fragen: War das echt? Habe ich übertrieben? Glaubt man mir? Ist man beleidigt? (Wäre ja berechtigt, gebe ich mir zu.)

Egal, ich habe abgesagt und kann an den See. Schnell greife ich meine Cordhose und meinen gestreiften Pullover, eile zum Auto und fahre los. Doch auf dem Weg zum See beschleicht mich bereits großes Unbehagen. Wie konnte ich nur?
Schamröte fühle ich aufsteigen, mir wird erst heiß, dann kalt, Beklemmung erfasst mich. Diese weicht auch nicht, als ich meinen gewohnten Gang um den See mache, der mir heute überhaupt nicht gefällt. Zu groß ist die Peinlichkeit, die mich erfüllt.
Wie konnte ich nur? Der Gedanke, der mich völlig einhüllt, mir die Freude raubt, mich unglücklich sein lässt.
Zudem ist die Nacht entsetzlich: Halsschmerzen quälen mich, das häufige Husten lässt mich kaum schlafen, die Nase läuft ununterbrochen. Zu allem Überfluss stellt sich Schüttelfrost ein, so dass ich am Morgen, als erneut die Sonne vom Himmel strahlt, schwer erkältet im Bett bleibe, dort noch weitere Tage bleiben muss, bis ich am ersten Regentag, der der schönen Periode folgt, endlich einigermaßen genesen bin.

Ich wusste es doch: Lügen haben kurze Beine, werden bei mir zur Wahrheit.
Aber ..., war doch eigentlich nur `ne Ausrede. Nein, es war eine Lüge, siehe oben.

Die Brücke

Die Brücke führt über den breiten Strom. Sie verbindet das eine Ufer mit dem anderen, den Vorort mit der Innenstadt, die Ruhe mit dem brausenden Leben, das Provinzielle mit der Weltstadt, das Enge mit dem Offenen. Sie führt über die Lebensader, die die Stadt zum Blühen brachte, ihr Einfluss gab, sie groß machte. Immer schon führte eine Brücke über den Fluss, verband und trennte, überwand das Hindernis, fügte Wachsendes zusammen. Sie überspannt das Teilende, fügt die Linie zusammen, schlägt Brücken zwischen Fremdem und Vertrautem, Weitem und Nahem, Ich und Welt.

Ihr ganzes Leben wurde durch die Brücke bestimmt, immer, Tag für Tag, ohne sie war sie, Elisabeth, nicht denkbar. Sie bot ihm den Zugang zu vielem, der Weg über sie führte allmählich zum Ziel, hier hat sie Brücken gebaut und Brücken abgebrochen – sie war Teil ihres Lebens.

Als Baby hat man sie über die Brücke getragen, sorgfältig im Arm gehalten, fest, damit sie nicht falle. Behütet hat man sie auf diesem Weg, hat ihr, wenn man vom Vorort kam, die Kathedrale gezeigt und auf dem Rückweg den Reiter, der den Brückenaufgang bewachte. So nahm Elisabeth ersten Kontakt mit dem

Leben außerhalb auf, man trug sie über die noch zerstörte Brücke zu den Trümmern des Doms. Wenn man sie nicht in den Armen trug, lag sie in ihrem Kinderwagen, geborgen, geschützt vor der Welt, schaute in den Himmel, folgte den Wolken, betrachtete die verbogenen Eisenträger oder die Gesichter über ihr, die ihr zulächelten.

Das Kind führte man an der Hand über die Brücke, umschloss seine kleine mit den großen der Erwachsenen, Mutter, Großmutter und Patentante. An ihrer Hand hüpfte es in seinem Pepitamäntelchen fröhlich und aufgeregt in die Stadt, an ihrer Hand ließ es sich auf dem Rückweg müde ziehen, erschöpft von dem Erlebten. Nie gab es die Hand, die es hielt, auf. Aber in dieser Zeit begannen Elisabeths Ängste, wenn sie über die Brücke ging. Sie fürchtete immer, wenn sie durch das Geländer der Brücke auf den Strom schaute, hinunterzufallen ins Wasser. So sorgte sie dafür, stets auf der Innenseite zu gehen, kniff die Augen entweder zusammen, um die Zwischenräume des Geländers nicht sehen zu müssen, oder richtete sie starr geradeaus, dem Ziel entgegen, das ihr nicht schnell genug näher kam. Sie sehnte den festen Boden herbei, die Gewissheit, nicht mehr das Wasser unter sich zu haben, das unsichere, kalte. Mutter, Großmutter und Patentante zog sie ängstlich von dem Geländer fort, hin zu sich, zur Mitte. Auch sie sollten nicht durch die Zwischenräume ins Wasser gezogen werden, sollten bei ihr bleiben.

In ihren Träumen musste sie oft diese Brücke überqueren. Sie bestand dann nur aus lose aneinander gelegten Bohlen mit riesigen Zwischenräumen, die man springend überwinden musste. Wenn sie fiel, wachte sie schweißnass auf.

Das Mädchen ging täglich über diese Brücke, morgens hin und abends zurück. Immer hielt es sich von dem Geländer fern, ob es nun mit der Freundin ging oder allein Die schwere Schultasche schleppte es über sie, all sein Hoffen und Freuen trug es mit sich, den Schmerz und die Verletzung, der es entgegen ging, gleichgültig, ob es auf dem Hin- oder Rückweg war. Auf beiden Seiten der Brücke wartete das Unbehagen, das Unverständnis, der Kampf um Anerkennung, aber auch das Ziel, die Leistung, der Erfolg.

Die Frau – sie steht auf der Brücke, überquert den Fluss, geht vorwärts. Hinter ihr liegt, was sie krank gemacht hat, das Trauma, das Verdrängte. Aber aus ihm hat sie die Wegzehrung mit für den Weg genommen: das Wort, die Farbe, den Traum, den Lebenswillen, die Fröhlichkeit und den Humor, die Energie und die Kraft. Wenn Elisabeth zurückschaut auf der Brücke, sieht sie das Grau, fühlt sie die Lähmung, spürt den Schmerz der vielen Wege über die Brücke.

Aber nun hält sie inne, das Kind in ihr tritt an das Geländer, stellt sich auf die Fußspitzen, schaut in die Tiefe auf den Fluss und fürchtet sich nicht – ihm kann nichts geschehen, es ist geborgen in sich selbst, sich selbst zurückgegeben – mit all seiner Kraft hebt es den Arm und winkt dem Strom zu, der Lebensader, ehe es seinen Weg als Frau fortsetzt.

Brückenschlag zwischen früher und heute – Akt der Geburt des Es im Ich – Weg ins Leben als Gnade des Vertrauens in sich selbst.

Fabel

Vier Stühle, die einander noch nie gesehen hatten, waren in einen Raum gestellt worden und betrachteten einander. Der eine hatte eine wunderschön geschwungene Lehne, ganz elegant und zugleich zierlich. Der nächste stand auf Knopffüßen, die waren so fein gedrechselt, dass sie wie gemalt wirkten. Und der dritte hatte ein dunkelgrünes Kissen, Samt, so weich, dass ein jeder darüber streichen wollte.

Der vierte schaute die drei anderen an und dachte sich: *Was die alles haben. So schön ist diese Lehne, wie gerne hätte ich auch ein solche, aber meine ist gerade und stabil, nicht so schön geschwungen und erst recht nicht elegant. Und diese Knopffüße, nein, sind die niedlich. Meine Füße dagegen sind plump, fest stehen sie auf der Erde, sie können nichts anderes als meine Beine halten. Statt eines Kissens, meinte er bei der Betrachtung des dritten Stuhles, habe ich nur eine hölzerne Fläche, eben, glatt, nichts anderes.*

Tief seufzte er auf. *So schön sind diese anderen, so schön, nur ich habe nichts von alldem, gar nichts.*

„Warum seufzt du so tief?“, fragten ihn die anderen Stühle.

„Ach“, erwiderte er ganz traurig, „ihr seid so schön, so wunderschön, und ich ... Nichts habe ich von dem, was ihr habt. Du hast eine solch wunderschöne

Lehne, deine Knopffüßchen sind elegant, und dein Samtkissen reizt alle zum Darüber-Streichen. Nur ich habe nichts, und das tut mir so weh."

„Was?", riefen die drei anderen Stühle wie aus einem Mund. „Du beneidest uns? Ja, weißt du denn nicht, dass wir alle dich bewundern?"

„Ihr bewundert mich mit meiner geraden Lehne, den festen Beinen und meiner ebenen Sitzfläche?"

„Du hast eine solche Kraft", entgegneten die anderen drei Stühle, „dass wir dir gerne unsere Lehne, die Knopffüßchen und das Samtkissen geben würden, um deine gerade Lehne, deine festen Beine und deine solide Sitzfläche zu haben."

Du bist doch ein großes Mädchen

Ganz vorne stand sie an den Stufen des Altares, gleich hinter dem Brautpaar, so dass alle Renate sehen konnten in ihrem dunkelblauen Samtkleid mit den vielen gestickten weißen Streublümchen, die sich als Band oberhalb des Saumes um den Rock schlangen. So festlich wie sie aussah, so festlich fühlte sie sich auch. Nur ihr, ihr ganz allein, hatte man die Ringe anvertraut, die die beiden dort oben einander nun ansteckten, und alle hatten sehen können, dass sie, Renate, sie hatte bringen dürfen. Mit großen Augen beobachtete sie nun, was weiter geschah, kniete nieder, wie man es ihr gesagt hatte und erhob sich, wenn die anderen es taten. Sie war dieser Aufgabe gewachsen, sie hatte es bewiesen! Tagelang hatte die Mutter sie vorbereitet, damit sie nur ja keinen Fehler mache, und ganz sorgfältig hatte sie ihr heute Morgen die dünnen braunen Haare mit der Brennschere gelockt, so dass sie fedrig-leicht ihr gespanntes Gesichtchen umspielten, leicht wehten bei jedem ihrer Atemzüge, denn sie hatten sich bereits aus dem weißen Band gelöst, das sie halten sollte.

Das war ihr Tag! Sie konnte sich bewähren und alles richtig machen, die Mutter würde stolz auf sie sein, ungeheuer stolz. Alle würden das mitbekommen, alle die vielen, die zu dieser Hochzeit gekommen waren. Nervös nestelte sie an den langen bauschigen

Samtärmeln, bis sie von hinten ein betontes Räuspern vernahm und die Hände schnell und schuldbewusst sinken ließ. Vor Aufregung biss sie sich auf die Lippen, hüstelte leicht und stand dann wieder still an den Stufen des Altares, wie man es ihr beigebracht hatte.

Am Ende des Gottesdienstes, nachdem der Priester den Segen über das Brautpaar und die Gemeinde gesprochen hatte, zählte sie still langsam bis drei, bückte sich dann zu dem kleinen Schemel, der rechts neben ihr stand, ergriff ganz vorsichtig mit beiden Händen den Brautstrauß – rote Rosen und helle Orchideen, gebunden mit einem eierschalenfarbenen Satinband, wunderschön – und stieg langsam zwei Stufen zu der Braut empor, die sich nun lächelnd umgedreht hatte. Sie konnte ihre Augen nicht von ihr abwenden, musste sie immerzu anschauen, während es ihr den Strauß reichte. So schön und so strahlend hatte es sie nie gesehen, die sonst oft überarbeitet und gehetzt wirkte. Das Seidenkostüm in der Farbe des Blumenbandes war oben ganz eng geschnitten. Der Rock fiel glockig bis zu den Waden hinab. So jung sah sie aus, so glücklich und so strahlend. Nun, das wusste Renate ganz sicher, nun würde sie sie anlächeln, wenn sie ihr den Blumenstrauß reichte. Auf dieses Lächeln hatte sie so gewartet. Vor allen Anwesenden würde sie sie anlächeln und dann küssen –

ganz bestimmt würde sie das tun! – sie würde stolz auf sie sein! Mit vor Aufregung geröteten Bäckchen reichte die Fünfjährige der Braut die Blumen, stellte sich dabei ein wenig auf die Zehenspitzen, damit diese den Strauß leichter fassen konnte und hob ihr glühendes Gesicht nach oben, um den Stolz der Braut auf sie zu genießen. Diese nahm die Blumen des Kindes leicht aus dessen aufgereckten Händchen und strahlte über es hinweg in das Kirchenschiff, fasste stolz die Hand des ihr gerade Angetrauten, als wolle sie allen zeigen, dass sie es nun endlich geschafft hatte. Mit dem Ehemann gemeinsam stieg sie die vier Stufen hinab. Achtlos ging sie an dem Kind vorüber, das dort stand in seinem blauen Samtkleid und mit fassungslos geöffnetem Mündchen hinter der Braut her starrte, seiner Mutter, für die es sich doch so angestrengt hatte! Wenige Sekunden stand die Tochter so, erstarrt, dann folgte sie dem gerade eben getrauten Ehepaar, den Mund zu einem Lächeln verzerrt, als die beiden nun die Glückwünsche aller Anwesenden entgegen nahmen.

Niemand blickte sich nach ihr um, alle gratulierten gestenreich dem Brautpaar. Nach einer Weile näherte sich die Großmutter ihr, erhob die rechte Hand und strich ihr leicht über die erhitzte Wange. Mit einem leisen Aufschrei zog sie die Hand zurück, in die das Kind ganz schnell gebissen hatte. Nun drehte sich auch die Mutter, die Braut, um, blickte es zornig an, gab ihm einen Klaps und murmelte leise und enttäuscht, damit die anderen es nicht hören konnten, denn sie schämte sich wegen des Benehmens ihrer Tochter: „Du bist doch ein großes Mädchen!“

Auf dem Bahnsteig

Gleis 3, Stuttgart Hauptbahnhof. Der ICE nach München ist vor wenigen Minuten eingelaufen, und es wird nicht mehr lange dauern, bis er seine Fahrt fortsetzt. Die Blicke der Reisenden drinnen treffen gelangweilt die der Hastenden, Einsteigenden und Wartenden draußen, nur manchmal haftet ein Auge interessiert …

Zum letzten Male

Eng umschlungen stehen sie unter dem gelben Schild, das die Raucherzone anzeigt. Selbstvergessen, einander so nahe noch und doch schon fern in den Sekunden des Abschieds. Er, hoch gewachsen, den blauen Pullover lässig um den Hals geschlungen, weißes Hemd und dunkelblaue Cordhose, hält seine Reisetasche in einer Hand, mit der anderen zieht er sie noch einmal zu sich heran, schon im Weggehen. Fest drückt er die zierliche Gestalt in dem schwingenden dünnen Blümchenrock und der violetten Strickjacke noch einmal an sich. Nur bis zur Brust reicht sie ihm. Als sie nun den Kopf zu ihm hebt, fallen ihr die langen, dunklen Haare weit über den Rücken. Ihr Gesicht sieht der Reisende nicht, er sieht nur, dass der junge Mann seine Tasche absetzt, die freie Hand in ihrem Haar vergräbt und sein Gesicht tief zu ihr herabsenkt, während sie sich ihm entgegen reckt. In einem langen Kuss scheint die Zeit stillzustehen, für die beiden, aber auch für den Reisenden, der diese Szene betrachtet. Dann lässt er sie los, scheint sich fast loszureißen von ihr, muss weg, da der ICE kurz vor der Abfahrt steht, will aber bei ihr bleiben. Und auch sie mag ihn nicht lassen, fasst nach der linken Hand des Wegeilenden, der seine Tasche wieder aufgenommen hat und sich der noch offenen Türe des Zuges nähert. Noch einmal wendet er sich zurück, senkt seine Lippen erneut auf ihre, murmelt ihr etwas zu, das sie kurz aufstrahlen lässt, und dann springt er in den Zug, dessen Abfahrt sie nicht abwartet, sondern erst mit zögerlichen, dann immer schneller werdenden Schritten zur Treppe eilt. Der Reisende sieht, als sie an ihm vorbei eilt, wie sie sich die Tränen fast heftig wegwischt. Ohne zurückzublicken verschwindet sie in der Schar der Menschen auf dem Bahnsteig, während der ICE in die andere Richtung – Stuttgart hat einen Kopfbahnhof – davon fährt.

Ein Abschied wie viele, denkt der Reisende, voller Hoffnung wird sie auf seine Rückkehr warten.

Sie hat ihn nie mehr wiedergesehen ...

... Die Blicke der Reisenden drinnen treffen gelangweilt die der Hastenden, Einsteigenden und Warten-

den draußen, nur manchmal haftet ein Auge interessiert ...

Ich kann ihn nicht lassen

Hoch richtet sie sich auf, strafft die Schultern, streicht sich die graue Strähne aus dem Gesicht, die ihr immer wieder in die Augen fällt. Liebevoll ruht ihr Blick auf dem schlaksigen jungen Mann, der neben ihr über den Bahnsteig schlendert und seinen Rollenkoffer lässig hinter sich her zieht. Wie gut er aussieht mit seinen braunen Locken, die sich so schlecht bändigen lassen und von dem ihm eine immer wieder in die hohe Stirne fällt. Am liebsten würde sie ihm diese zurückstreichen, wie sie es hunderte Male getan hat, als er noch ihr "Kleiner" war. Ihre Hand zuckt unwillkürlich nach oben, aber als sie in das abwehrende Gesicht des Sohnes schaut, wischt sie sich schnell über ihren Mundwinkel, rot werdend, wie erwischt. Da, da ist Wagen 23, da ist sein Platz. Ohne Sitzreservierung hat sie ihn nicht fahren lassen wollen, obwohl er heftig protestiert hatte. Aber was, wenn der Zug voll ist und er bis München stehen muss? Das passiere schon nicht, hat er gemeint, und wenn schon? Sie solle aufhören, sich Sorgen zu machen, er sei schließlich schon zwanzig.

Zwanzig Jahre war er alt, ihr "Kleiner" , wo waren nur die Jahre geblieben, in denen er aufgewachsen und zu diesem wunderschönen jungen Mann geworden war, der seine Schritte nun beschleunigte, da der Lautsprecher die baldige Abfahrt des Zuges ankündigte. Mit Leichtigkeit hebt er seinen schweren Koffer in den Wagen und dreht sich suchend nach ihr um, die ihm langsam gefolgt ist und dabei jeden Zentimeter seines Körpers in sich aufzunehmen versucht, so als gelte es, die Erinnerung an ihn festzuhalten, an ihn, den jüngsten ihrer drei Söhne, der nun aufbricht in sein eigenes Leben. Das Zimmer in Schwabing ist gemietet, einen Teil seiner Möbel haben sie am letzten Wochenende dorthin gebracht. Es werde ihm gut gehen dort, das hat ihr die Wirtin versprochen. Aber ... er würde nun dort sein, nicht mehr bei ihr in dem alten Haus in Zuffenhausen, in dem sie allein zurück bleibt. Gewiss, er käme auf Besuch – auf Besuch! Sein Zuhause ist nicht mehr bei ihr, nie mehr. Schwer atmend bleibt sie stehen, und der Reisende im Zug sieht, wie sie haltsuchend nach einer Stange greift. Dann sieht er, wie sie sich aufrichtet, die Schultern strafft und sich die Strähne aus dem Gesicht streicht. Mühevoll lächelnd geht sie den letzten Schritt bis zu dem scheidenden Sohn, der sich liebevoll zu ihr herunter beugt – zwei Köpfe ist er größer als sie, zwei Köpfe! – und sie auf die Wange küsst, noch etwas zu sagen scheint und dann mit Elan in den Zug steigt und ihr im Abfahren zu winkt. Lächelnd

steht sie da in ihrem grauen Seidenmantel – chic hat sie sich für ihn gemacht, das hat er immer so gemocht! – die Hand zum Winken erhoben, während ihr eine Träne langsam die Wange herunterrollt.
Ich kann ihn nicht lassen, ich kann es nicht …

… Die Blicke der Reisenden drinnen treffen gelangweilt die der Hastenden, Einsteigenden und Wartenden draußen, nur manchmal haftet ein Auge interessiert …

Sie wartet

Langsam hebt sie den Kaffeebecher an, verharrt mit ihm auf dem Weg zum Mund, starrt intensiv auf etwas, das sie in ihrem Aktenordner verborgen hat. Nachdenklich runzelt sie die Stirne, scheint etwas zu schreiben, nimmt ganz in sich versunken einen Schluck Kaffee, setzt den Becher auf der Bank neben sich ab und greift zu ihrer orangerot gestreiften Schultertasche, aus der sie ein Radiergummi zieht. Energisch benutzt sie es und behält es in der linken Hand, während sie sich mit dem blauen Stift durch das dunkelbraune Haar fährt, das ihr ins Gesicht fällt. Immer wenn sie den Kopf senkt, immer dann fällt es ihr über das rechte Auge, und immer dann schiebt sie es mit dem Stift zurück, automatisch, selbstvergessen. Nun schreibt sie wieder, und sie scheint zufrieden, denn ein Lächeln huscht über ihr Gesicht, lässt ihre Augen aufleuchten, denkt er sich, der Reisende. Studentin ist sie wohl, praktisch gekleidet mit dunkelroter Cordhose, weißem Shirt und einer knapp sitzenden, abgetragenen Lederjacke. Auf dem Heimweg wird sie sein. Bald wird ihr Zug kommen. Fleißig wie sie ist, arbeitet sie auch hier an ihrem Referat, hier inmitten der vielen Menschen, des Lärms, des Hastens und der an- und abfahrenden Züge. Konzentriert ist sie auf sich und auf das, was sie in ihrem Aktenordner verbirgt, greift hin und wieder zu ihrem Pappbecher, trinkt einen Schluck, starrt auf ihre Arbeit, schreibt, radiert und fährt sich mit dem blauen Stift durch das Haar, ohne aufzuschauen, ohne sich ablenken zu lassen. So sitzt sie, als der Zug mit dem Reisenden langsam Fahrt aufnimmt und er – ihr seltsam zugetan – zurückblickt zu der Bank, auf der sie wartet.

„Schusterwerkzeug mit vier Buchstaben“, murmelt sie vor sich hin, während sie den letzten Schluck Kaffee nimmt, „Schusterwerkzeug mit vier Buchstaben?“...

... Die Blicke der Reisenden drinnen treffen gelangweilt die der Hastenden, Einsteigenden und Wartenden draußen, nur manchmal haftet ein Auge interessiert ...

Ein schneller Zug

Tief inhaliert er den Rauch, so tief, als müsse er ihm Gelegenheit geben, bis zu seinen Füßen vorzudringen. Genüsslich schließt er die Augen dabei, ganz konzentriert auf sich und den Zug aus seiner Zigarette. Filterlos, schwarz, stark. Endlich! So lange hat er auf sie gewartet, alle Bahnhöfe der Strecke lang! Aber nicht überall ist die Raucherzone so günstig wie hier in Stuttgart. Schnell aus Wagen 27 springen, zwei Schritte – endlich! In Mannheim, da wäre es auch gegangen, gleich neben der ersten Klasse. Aber da hat ihn dieser Wichtigtuer aufgehalten mit seiner Beschwerde. Kalt sei es gewesen ab Köln, trotz Kaschmir! Ja, dann hätte er halt früher etwas sagen sollen. Aber diese Erste-Klasse-Passagiere, immer wichtig, immer unzufrieden, immer lästig. Dass er ab Köln keine hat rauchen können, wen interessiert das schon? Nun nimmt er hastig den zweiten Zug, fingert nervös mit der Linken an seiner roten Krawatte, die etwas schief sitzt – „Denken Sie daran, meine Herren, die Krawatte muss sitzen!" – zieht sich die weiße Manschette aus dem blauen Anzugärmel mit den drei roten Streifen, schüttelt etwas Asche von dem rechten Hosenbein, ebenfalls blau, und während er noch einmal an seiner Zigarette zieht, nun schon fast wie auf der Flucht, geht er bereits einen Schritt auf den Zug zu, sich die rote Mütze mit der goldenen Kordel zurecht rückend – „Meine Herren, Ihre Kleidung ist das A und O, das A und O!" –. Automatisch führt er diese Bewegungen aus, in Gedanken wieder bei den Passagieren, ihren Fragen, ihren Beschwerden, ihrer Ungeduld. Die halbgerauchte Zigarette wirft er im Vorüberhasten mit geübtem Schwung in den silbernen Aschenbecher, ehe seine Miene, nun ganz geschäftsmäßig, verantwortungsbereit, wieder den Dienst aufnimmt. Lässig ergreift er die Haltestange, an der er sich mit einer leichten Drehung in den Zug schwingt, der abfahrbereit ist.

Noch knappe zweieinhalb Stunden bis München, die gehen auch vorbei.
Er ist dünner geworden in den letzten Monaten, das hat seine Frau auch gesagt ...

... Die Blicke der Reisenden drinnen treffen gelangweilt die der Hastenden, Einsteigenden und Wartenden draußen, nur manchmal haftet ein Auge interessiert ...

Holladio

Lautes Gelächter auf dem Nachbarbahnsteig zieht die Aufmerksamkeit des Reisenden auf sich. Dralle

Männerbeine in schwarzen Haferlschuhen und grünen Kniestrümpfen stapfen auf seiner Augenhöhe vorbei, rhythmisch, im Takt, fünf Männer, die sich erstaunlich gleichen: Cordbundhosen, alle frisch gewaschen, noch kaum verschossen an Gesäß und Knien, darüber karierte Hemden, das eine mehr rotgrün, das andere mehr in einem Blauton, lachende Münder, blitzende Augen – so zumindest kommt es dem Beobachter vor – ihre Rucksäcke auf dem Rücken. Der stämmigste geht voran, gibt die Geschwindigkeit vor, die anderen folgen ihm, lachend, einander etwas zurufend, scherzend, ihre Fröhlichkeit allen mitteilend. Drei von ihnen fuchteln mit den derben knorrigen Wanderstöcken, die sie bei sich tragen, und winken auffordernd nach hinten, dem Grüppchen zu, das ihnen in fünf Metern Entfernung folgt. Auch hier Kniebundhosen, aus der Sportkollektion des ansagten Designers, farbenfroher als diejenigen der Männer, darüber ebenfalls karierte Blusen, bei dreien von ihnen durch ein keck geknotetes kleines Nickituch, rot, blau oder gelb, der Farbe der Bluse angepasst, hervorgehoben. Gemeinsam ist ihnen die gesteppte Weste über der Bluse, sorgfältig ausgewählt, es könnte ja windig werden an diesem wunderschönen Maiensonntag. Auch sie lachen, weniger dröhnend als die Männer, eher etwas geziert, scherzen miteinander, scheinen sich auf etwas hinzuweisen,

staunen und folgen ihren Männern, die die gute Laune vorantragen.
Um eine Bank versammelt sich die Gruppe. Der Anführer scheint zu witzeln, denn alle brechen sie in Gelächter aus, leiser oder lauter, je nach Temperament, und starren dann plötzlich in die gleiche Richtung. Zehn Augenpaare wenden sich nach hinten, dorthin, woher sie kamen, wollen den Ausflugszug herbeiblicken, voll freudiger Erwartung und guter Laune, zehnmal.
Am Abend wird jedes Paar in der Straßenbahn sitzen, stumm, sich anschweigend, die Frau mit dem vorwurfsvoll gespitzten Mund, weil er dumpf vor sich hinbrütet. Bier macht müde ...

... Die Blicke der Reisenden drinnen treffen gelangweilt die der Hastenden, Einsteigenden und Wartenden draußen, nur manchmal haftet ein Auge interessiert ...

Zu spät

Sie hastet die letzten Stufen der Treppe empor, während der Lautsprecher die sofortige Abfahrt des Zuges verkündet. Zwei Stufen noch, dann hat sie es geschafft! Den schwarzen Trolley zieht sie hinter sich her, schwer scheint er zu sein, zumindest lässt das ihr Gesichtsausdruck vermuten. Aus der Vordertasche des Koffers ragt die Tageszeitung, flüchtig gefaltet, so als habe sie bis eben noch in ihr gelesen und dabei die Zeit vergessen. Auch der Pappbecher in ihrer linken Hand mit dem Aufdruck einer bekannten Coffee to go-Marke weist darauf hin, dass sie nicht sogleich auf den Bahnsteig gegangen ist. Ihr Mund ist weit aufgerissen, während sie versucht, die letzte Stufe zum Bahnsteig zu überwinden.

Der Reisende spürt das leichte Beben des Zuges, das immer dann entsteht, wenn er sich in Bewegung setzt, rückt sich in seinem Sitz zurecht und sieht im Anfahren, wie die junge Frau dort draußen, die nun endlich den Bahnsteig erreicht hat, heftig mit ihrem Pappbecher winkt und etwas zu rufen scheint. Wollte sie gar den ICE nach München erreichen? Da ist sie zu spät, der fährt nun ab! Aber sie setzt sich nun schneller in Bewegung, läuft, den Koffer hinter sich herziehend, neben den anfahrenden Wagen her, so als könne man noch wie früher vom Perron auf die Stufen des Zuges springen. Rufend und ihren Pappbecher schwenkend, aus dem der Kaffee nun auf ihren beigen Trenchcoat spritzt, will sie es erzwingen: **Dieser** Zug muss halten! **Dieser** Zug muss sie mitnehmen! Einmal nur, wirklich nur einmal im Leben will sie nicht zu spät sein, und wenn sie bis München hinter dem Zug herlaufen muss! Dies scheint sie in die Tat umsetzen zu wollen, denn als der Waggon des

Reisenden sich leicht in eine Rechtskurve neigt und er sie aus dem Blick verliert, sieht er als Letztes, immer noch ihren flatternden, hellen Trenchcoat und den in der Luft wippenden Kaffeebecher, nun wahrscheinlich leer, da sie seinen Inhalt bei ihrer Gewaltanstrengung verschüttet hat.
Zu spät, wieder einmal zu spät, denkt sie. Sie schaut dem davonfahrenden Zug entsetzt nach, als habe sie das zum ersten Male erlebt, als sei es nicht die Regel, dass sie alles verpasst: Züge, Busse, Flugzeuge. Heute hätte es fast geklappt, wenn sie nur nicht noch den Kaffee ...

... Die Blicke der Reisenden drinnen treffen gelangweilt die der Hastenden, Einsteigenden und Wartenden draußen, nur manchmal haftet ein Auge interessiert ...

Boah ey

Mit weit ausholender Geste zeigt er auf den ICE, und spricht dabei heftig auf den Kleinen ein, der neben ihm auf der Bank sitzt. Fünf Jahre wird er alt sein, der blonde Lockenschopf, dessen noch etwas zu kurzen, stämmigen Beinchen in der blaukarierten Skaterhose vor sich hin baumeln, als gehörten sie nicht zu ihm. Er starrt geradeaus und sagt nichts. Der Mann neben ihm, jung noch, vielleicht Anfang 30, sympathische

Züge, weist erneut auf den ICE, scheint etwas Besonderes an ihm zu entdecken, fuchtelt mit den Händen und wirkt sehr begeistert. Der Kleine aber schaut nicht hin, zerrt mit der rechten Hand an dem runden Ausschnitt seines hellblauen T-Shirts herum, baumelt heftiger mit den Beinen und starrt geradeaus. Nun rückt der Vater noch näher an den Sohn heran, wendet sich leicht nach links und beugt sich vor, auf die Höhe des Kleinen. Intensiv spricht er zu ihm, dabei zeigt er immer wieder mit den Händen, weist auf irgendetwas hin. Der Junge rückt ein wenig beiseite, neigt den Kopf ebenfalls leicht nach links unten und starrt nun auf seine Schuhe, braune Sandalen, in denen dunkelblaue Söckchen stecken. Er nimmt keinen Blickkontakt zu dem Vater auf, sondern betrachtet nun mit dem starren Blick, den er die ganze Zeit über hatte, das Gummi einer seiner Socken, das etwas locker geworden ist. Wie um dem Vater sein Desinteresse nun endgültig zu beweisen, bückt er sich vor, bis er mit der Hand zu dem Bündchen reicht, und beginnt, an dem Gummi zu ziehen. Der Vater unterbricht dieses Tun, indem er seine rechte Hand über die zupfende des Sohnes legt, fröhlich auflacht und ihn animiert – mit weit ausholenden und schwingenden Gebärden – doch aufzuschauen und das zu betrachten, was der Vater ihm zeigen möchte. Das Kind verharrt wie vorher, gibt seine gebeugte Haltung

nicht auf und lässt seine Hand auf dem Gummibund liegen, unter der beschwichtigenden des Vaters. Erst als dieser ihn loslässt und sich wieder aufrecht auf die Bank setzt, um nun in eine andere Richtung zu zeigen und Begeisterung zu verbreiten, gibt auch der Kleine seine Beugung auf, setzt sich ebenfalls aufrecht hin und – starrt in die andere Richtung. Starrt einfach vor sich hin, ohne Regung, ohne Worte, ohne Interesse.
Nach einer langen Weile, in der sich das Geschehen immer wiederholt, neigt sich der Ältere dem Jüngeren zu, sagt etwas zu ihm und steht auf. Flugs springt der Kleine von der Bank auf, greift nach der Hand des Vaters, und beide entfernen sich nun, während der Zug sich in Bewegung setzt. Schnell Hand in Hand gehen sie in die andere Richtung.
Boah ey! Endlich in den Zoo! Was der Vater immer mit seinen Zügen hat! ...

... Die Blicke der Reisenden drinnen treffen gelangweilt die der Hastenden, Einsteigenden und Wartenden draußen, nur manchmal haftet ein Auge interessiert ...

Rausch

Sie legt den Pinsel aufatmend beiseite und lässt die Palette langsam sinken, streckt den verkrampften Arm aus und blickt dabei eher zufällig auf die rote Farbe, die übrig geblieben ist. Zinnoberrot, mit einem winzigen Schuss Orange vermischt, lebendig, glutvoll, übrig geblieben, mal wieder zu viel gemischt! Sie kann die Augen nicht von der Farbe wenden, taucht ein in sie, wird eins. Ohne es zu wissen, ganz unbewusst, holt sie eine Pappe, hastig, verstohlen fast, greift zu dem Klebeband und hat den Malgrund abgeklebt, ehe sie überhaupt zum Nachdenken kommt. Rasch die anderen Materialien holen, zwei Kämme, die Spachtel, die Bürste, alles gut verstaut und lange nicht benutzt. Heute kommen sie ihr wie selbstverständlich in die Finger, als rufe das Rot sie zusammen, bestimme, was zu tun sei. Der dicke Pinsel und das Wasser sind ebenfalls schnell geholt, rasch eingetunkt. Dann füllt die Farbe das leere Weiß. Erst nur wenige dicke Striche, unentschieden, tastend, aber dann füllt das Blatt sich in unglaublicher Geschwindigkeit, der Pinsel nimmt Wasser und Farbe auf, gibt sie in unterschiedlicher Stärke auf dem Blatt ab, taucht wieder in das Wasser und malt weiter, ohne Kontrolle, ohne Nachdenken. Er malt Farbe, Zinnoberrot mit einem Schuss Orange gemischt. Nur der

Arm bewegt sich, der rechte Arm, den der Pinsel führt, und immer freier wird sie, atmet tiefer und tiefer, malt immer schneller.

Wie gut das tut nach all den Wochen, in denen sie feine Striche und Pünktchen malte, ganz konzentriert, kontrolliert, immer in Gedanken bei jedem Pinselstrich, nie unaufmerksam. Jetzt fällt es ab von ihr, das Korsett der Konzentration, der Kontrolle, es löst sich und macht sie frei. Längst hat sie den Pinsel aus der Hand gegeben, arbeitet nun mit dem Spachtel, taucht ihn tief in weiße Farbe, die sie auf die Palette gegeben hat, lässt ihn Kreise ziehen auf dem Rot, dem Zinnoberrot mit einem Schuss Orange gemischt. Auch eine Spirale entsteht unter ihren Händen. Einen kleinen Pinsel hat sie gegriffen mit der Rechten, in der Linken hält sie den Spachtel, voller Farbe, ein Glück! Es geht alles nicht schnell genug. Ehe die rote Farbe trocken wird, muss sie ihre Muster gezogen haben, beschreibt nun mit dem Spachtel Halbkreise, erst einen auf der rechten Seite des Blattes. Ihm antwortet unverzüglich ein neuer, der ihm von links entgegen strebt. Das Rot als Grund für die Strukturen in Weiß. Was sie malt, weiß sie nicht, sie lässt einfach zu, dass ihre Hände sich über das Blatt bewegen, wie in Trance, aber zugleich ungeheuer lebendig. Ehe sie sich versieht, hat sie zum Blau gegriffen, dem tiefen Dunkelblau, das sie so liebt. Sie taucht den Japanspachtel erneut in die Farbe, das Blau nun, lässt ihn seine Kreise ziehen über den alten, vermischt sich mit ihnen und hebt sich zugleich ab. Das Blau gibt nun den Rhythmus des Malens vor. Eine breite Linie entsteht mit dem Spachtel rechts, der Bogen links erhält Blau über dem Weiß und vermischt sich mit ihm, transparent an manchen Stellen, an anderen deckend. Sie zieht den Spachtel ab, genussvoll, so lange hat sie ihn nicht mehr benutzt! Man kann sich ihm ganz anvertrauen, mit ihm gleiten, geschehen lassen. Plötzlich erwacht sie, schaut auf das Blatt und betrachtet, was dort entstanden ist, rauschhaft, ohne Kontrolle, einfach nur so. So frei fühlt sie sich, gereinigt von dem, was sie in den letzten Wochen an die Farben band, das Denken und das Aussagenwollen, die Deutung und das innere Programm.

Nachdenklich schaut sie auf das, was vor ihr liegt: das Rot als Grund mit dem Weiß und dem verschwimmenden Blau, betrachtet, was sie wie im Rausch gemalt hat. Langsam greift sie zum Pinsel, verliert aber das Gemalte nicht aus dem Blick, taucht ihn in das Dunkelblau und führt ihn über das Bild, Pünktchen für Pünktchen, in zwei Reihen. Sie bildet die Spur, der sie wochenlang nachgegangen ist. Damit nicht genug greift sie zu einem zweiten – dünneren – Pinsel, nimmt weiße Farbe mit ihm auf und lässt eine zweite Spur entstehen. Kleiner ist diese, nimmt einen anderen Ausgangspunkt als die blaue, kreuzt diese jedoch an einem Punkt, vereint sich mit ihr kurz, wie auch in ihr sich kurz vereint haben der Rausch, die Ekstase, die Faszination mit dem Gestaltenwollen, dem Denken und Deuten von Welt.

Sie lässt den Pinsel sinken, blickt auf und findet sich an ihrem Maltisch wieder. Vorsichtig löst sie das Klebeband von der Pappe, nun wieder ganz im Hier und Jetzt, erschöpft, aber lächelnd.

Sommer

Sommer heißt mehr und Meer ...

mehr von

Licht, Wärme, Grün, bunten Blumen, heißem Asphalt, drückender Hitze, Lärm, Staus, quietschenden Autobremsen, langen Spaziergängen, faulem Liegen in der Hängematte, Blinzeln in den Himmel, Schweiß auf Stirn und Nacken, Fahrten im Auto, der Bundesbahn, dem Bus, Büchern mit hellen Seiten, Bildern, die ich malen möchte, Farben, viele, viele Farben, Geschichten, die mir einfallen und die ich wieder vergesse, in der Hitze, dem Faul-Sein, dem Schauen, den lauten, fröhlichen Stimmen aus dem Garten, dem Schlendern in der Sonne, dem warmen Regen und ... und ... und ...

Eben mehr von allem!

Mehr von Meer – das ist Sommer!

Glänzendes Licht auf Wasser, Wellen, die sich sacht bewegen, warmer Wind am Hohen Ufer, Kunst in Ahrenshoop, Seebrücken allüberall, Bodden und Zeesboote, fröhliche Menschen, Schiff am Horizont, fast blutiger Sonnenuntergang, zarter Sonnenaufgang, Fisch an der Bude, Eis kleckert aus dem Hörnchen, Füße tun weh, Sand allerorten: im Bett, auf der Haut, in den Sandalen, auf dem Kopf, im Po, Mohn im Weizenfeld, Kornblume daneben, sich biegend im leichten Wind, im Sturm, Schauen, unendlich langes Schauen auf das Meer, seine hüpfenden Wellen, sein dauernd wechselndes Licht, baumelnde Beine, Füße im Wasser, Mühe des Strandaufgangs, Krabben am Spieß, Meer, wie es kommt, Meer, wie es geht, das ist Sommer.

Mutter und Tochter

Sie saßen einander gegenüber, seit langem schon. Unerbittlich blickten sie sich an, keine gibt den Blickkontakt zur anderen auf, ein stummer Kampf, lebenslang, unerbittlich.

Da ist sie nun siebenundachtzig Jahre alt. Alle haben geglaubt, sie würde früh sterben. Immer war sie krank gewesen, immer. Schon als Kind hatte sie sich um die Mutter gesorgt, hatte alles getan, um ihr die letzten Jahre ihres Lebens behaglich zu machen. Rücksicht hatte sie gelernt, liebevolle Zuwendung.

Sie liebte die Mutter, gewiss, alles hatte diese doch für sie getan, alles. Aber siebenundachtzig Jahre sind lang, sehr lang. Und in dieser Zeit hatte die Mutter ihr Leben bestimmt, hatte ihr gesagt, was zu tun, was richtig, was passend sei. Ihr Ehemann ertrug dieses Leben nicht mehr, er ging seinen eigenen Weg, ohne Vorwurf, aber unbeirrbar. Sie verstand ihn, zu oft hatte die Mutter ihn verletzt, ihm die Tochter, seine Frau, entfremdet. Immer hatte sie zwischen den Stühlen gesessen, gelitten, leise aufbegehrt. Dann war die Mutter wieder krank geworden, sie brauchte sie doch. Ihre Söhne waren erwachsen geworden, hatten studiert, kamen nur manchmal nach Hause, lächelten über die Großmutter und empfanden Mitleid mit der Mutter, wollten sich aber nicht damit auseinandersetzen. Sie verstand die Söhne, diese mussten ihren eigenen Weg gehen, sie musste sie loslassen, sie wollte nicht werden wie ihre Mutter. Aber sie liebte sie doch, herrisch wie sie war. Sie verschlang alles, was ihr in den Weg kam, wusste immer, was das Rechte sei. Manchmal hatte sie den Wunsch, dass es zu Ende gehe, endlich zu Ende gehe. Sie traute sich nie, diesen Gedanken Wort werden zu lassen in ihr, rief sich zur Ordnung, kümmerte sich um die Mutter und versuchte dankbar zu sein, dass sie diese noch hatte.

Dies war ihr einziges Kind, ihr Mädelchen, das sie immer geliebt hatte und noch viel mehr, als ihr Mann früh gestorben war. Da war sie mit ihr allein geblieben, und alles hatte sie getan, dass das Kind glücklich sei. Hübsche Kleidchen hatte sie ihr gekauft, und wie süß hatte sie mit ihren Zöpfchen und ihren lachenden Augen ausgeschaut. Ein fröhliches Kind war sie gewesen. Wie war es nur gekommen, dass nun eine verbitterte Sechzigjährige ihr gegenüber saß? Den falschen Mann hatte sie gewählt, das hatte sie ihr immer wieder gesagt, oft täglich. Trotzdem hatte sie für die beiden alles getan. Häuser gekauft, geschafft, Geld angehäuft, da konnte sie doch wohl ein wenig Dankbarkeit verlangen. Aber nein. Die Bankvollmacht verlangte man von ihr, entmündigen wollte man sie, ja, sie durchschaute das Treiben. Die sollten nur nicht denken, sie könnten sie wie eine alte Frau behandeln, noch funktionierte sie! Nun gut, manchmal vergaß sie, welcher Tag heute war oder wo sie ihre Sparbücher hingelegt hatte. Aber gestern, als die beiden Theater gemacht hatten, weil alle Unterlagen verschwunden waren, hatte sie sie doch auch neben der Butter im Kühlschrank gefunden. Was sollte es also, die würden auch schon noch alt werden. Und sie sagte ihnen jeden Tag, dass sie beide überleben würde, ja, das würde sie. So gesund waren die nicht! Mit dem Hund ging die Tochter spazieren, aber nie mit ihr. Dass sie sie zu allen Ärzten fuhr, war schließlich ihre Pflicht, das hätte sie auch für ihre Mutter getan, ganz gewiss. Und das Getue um die Söhne, die wurden von selber groß, aber sie war schließlich krank.

Nie mehr würde sie so viel für die beiden tun, sie würde leben, alles ausgeben, denn Dankbarkeit konnte man ja nicht mehr erwarten, von keinem, nicht einmal von der eigenen Tochter, die nicht lächelte, wenn sie mit ihr zusammen war, sondern oft grimmig schaute und mit ihr schimpfte. Mit ihrer Mutter!

Nie mehr würde sie so nahe bei der Mutter leben, viel früher würde sie sich lösen, wenn sie noch einmal leben könnte. Sie war schließlich nicht nur Tochter, seit sechzig Jahren war sie Tochter! Sie liebte die Mutter, aber – öfter hasste sie sie. Zähneknirschend nahm sie Rücksicht, liebevolle Zuwendung fiel ihr schwer, unendlich schwer ... Es musste sich etwas ändern!

Sie hatte ihr Kind erzogen, dass es seine Pflicht kannte der Mutter gegenüber. Aber allzu oft musste man sie daran erinnern. Sie, die Mutter, hatte all das getan, nicht die anderen, nur sie allein!

Die Jüngere hatte dem Blick standgehalten, nun aber senkte sie die Augen, erschöpft, resigniert, und nahm den Triumph in den Augen der Älteren nicht mehr wahr.

Zweierlei Perspektiven

An dem besten Mädchengymnasium der Stadt hatte meine Mutter mich nach der 4. Klasse angemeldet: altehrwürdig, seit Jahrhunderten von Nonnen geführt, „älteste Mädchenschule Deutschlands“, als streng bekannt, fordernd in jeder Hinsicht.

Dass es diese sein musste, hatte bei der Wahl außer Frage gestanden. Nicht das Halbinternat war ausschlagend gewesen, wie die offizielle Lesart lautete. Das hatte zwar sicherlich eine Rolle gespielt, musste die Mutter mich doch aufgehoben wissen in der Zeit, da sie bei der Arbeit weilte und ich allein gewesen wäre. Aber wichtiger war das Ansehen der Schule, ihr Ruf, der von harter Arbeit und gestählter Persönlichkeit kündete. Wer sie abgeschlossen hatte, war für das Leben gewappnet, so hieß es, und besonders für das Leben gewappnet musste die Tochter sein, war sie doch ohne einen sozusagen ‚nennenswerten‘ Vater geboren worden. Kriegsnebenprodukt eben.

Nonnenschule und uneheliches Kind – das war in den 50er Jahren des 20. Jahrhunderts keine gute Kombination. Wäre der Vater doch als Kriegsheld gestorben, das hätte dem Kind Nachruhm gegeben. Selbst ein in Stalingrad unehrenhaft verreckter Alkoholiker wäre besser gewesen, hätte doch die Tochter in einer ehelichen Gemeinschaft aufwachsen können, wenn

... Aber ohne Vater, Ergebnis einer Kriegsliebelei, das war etwas ganz anderes!
Das habe ich vom ersten Tag an auf dem Gymnasium zu spüren bekommen. Ich war den Nonnen verdächtig, das gaben sie mir zu verstehen, aber leider nicht nur die Nonnen, auch die weltlichen Lehrerinnen – Lehrer gab es natürlich nicht außer dem priesterlichen Religionslehrer – betrachteten mich als außergewöhnlich. Alibikind eben, das war ich von Anfang an.
Man hatte „diesem Kind" – so wurde ich von Anfang an bezeichnet – eine Chance geben wollen, es retten, ihm „trotz allem" einen Weg ins Leben ebnen wollen, so war es der Mutter nach längerem Zögern bei der Aufnahme bedeutet worden. Ja, man nahm dieses Kind auf. Wie selbstverständlich hatte sich das Kind dieser Aufnahme als würdig zu erweisen, die Gnade anzunehmen und bezahlen müssen.
Von Beginn meiner Schulzeit an habe ich gespürt – natürlich nur gespürt, nie wirklich gewusst -, dass bei mir etwas anderes war, dass andere Ansprüche an mich gestellt wurden als an meine Mitschülerinnen, die ja alle aus einem „normalen Elternhaus" kamen. Oft auch ohne Vater, schließlich waren die Väter im Krieg gefallen, aber sie hatten die Kinder in einer regulären Ehe, möglichst natürlich katholisch, gezeugt.

Scheidung wurde verschwiegen, Scheidung war verpönt in den 50er Jahren des 20. Jahrhunderts.
Bei mir wurde alles ein wenig anders gewertet als bei meinen Mitschülerinnen. Ich hatte besser zu sein als diese, besser, was das Benehmen, noch besser, was die Noten betraf. Das habe ich gespürt, immer wieder, wenn ich den enttäuschten Blick einer Nonne sah, wenn ich wieder einmal über die Stränge geschlagen war oder gar nur ein „Befriedigend“ oder gar „Ausreichend“ in einer Arbeit geschrieben hatte. Dann kam dieser Blick, den ich so gehasst habe: ein Verziehen der Mundwinkel, ein Runzeln der Stirn. Dazu leichtes Kopfschütteln, das mir zu verstehen gab, dass ich versagt hatte. Ich hatte mich nicht als würdig genug erwiesen, das habe ich schnell verstanden und mich natürlich bemüht, meine Sache noch besser zu machen. Schließlich wollte ich auch gemocht werden, gemocht wie die anderen. Und dazu musste ich mich eben anstrengen!
Schlimmer als die Noten war jedoch mein Verhalten. Ich war ein sehr lebhaftes Mädchen, abenteuerlistig und phantasievoll, das auf immer neue dumme Ideen kam, die es bitter büßen musste. Wieder diese Blicke, dieses Seufzen, diese Ablehnung.
Sehr schnell habe ich verstanden, dass diese etwas mit meinem grundsätzlichen Manko zu tun hatten:

ich war unehelich! Das gehörte sich nicht! Erst recht nicht auf einer Klosterschule!
Dabei wollte ich doch nur geliebt werden wie jedes kleine Mädchen, angenommen. Nicht immer gespiegelt bekommen, dass ich das Alibikind war. Da zuhause auch nicht über meinen Status gesprochen, ganz im Gegenteil ostentativ geschwiegen wurde, geriet ich in einen Teufelskreis: je mehr ich die Ablehnung spürte, umso mehr versuchte ich aufzufallen, mich in den Mittelpunkt zu schieben, aus dem ich immer erneut wieder gedrängt wurde.
Ja, wenn ich zurückdenke, war diese Renate sicherlich ein harter Brocken für alle Nonnen und weltlichen Lehrerinnen. Sie litt und machte noch mehr auf sich aufmerksam, scheiterte aber immer wieder, weil sie sich wirklich oft unmöglich verhielt.
Ganz schlimm wurde es für mich in der Untersekunda, in der im Biologieunterricht „Aufklärung“ anstand. Bio bei Mater Margareta, der stellvertretenden Schulleiterin, vor der wir Schülerinnen den allergrößten Respekt hatten. Sie galt als streng, gerecht und nahezu unnahbar. Sie sollte uns aufklären und wählte dazu einen Weg, der mich an den Rand der Verzweiflung brachte. Anstatt uns die biologischen Details nahezubringen, ging sie einen Weg, der für mich jede Biologiestunde zur Hölle werden ließ: Sie wollte wohl allen sagen, dass auch aus einem

unehelichen Kind etwas werden konnte (wenn es sich denn anstrengte), und las zu diesem Zweck von Ruth Schaumann den Roman „Yves“ vor, Stunde für Stunde „Yves“. Darin geht es um einen unehelich geborenen Sohn, der es trotz aller Widerstände schafft, Erzbischof zu werden. (Deshalb habe ich mein erstes Buch „Ich will Erzbischof werden“ genannt.)
Stunde um Stunde hätte ich mich am liebsten in ein Mauseloch verkrochen, dachte ich doch, alle in meiner Klasse starrten nur mich an, denn sie wüssten, warum „die Gretas“ plötzlich so gefühlig auftrat. Später habe ich erfahren, dass niemand eine Ahnung hatte, warum sie gerade dieses Buch anstelle der biologischen sachlichen Aufklärung las. Aber wir waren ja in dieser Hinsicht viel von unseren Nonnen gewöhnt …
Es war eine schwierige Zeit für mich, die ich meine Ausnahmesituation nahezu täglich spürte, aber natürlich nicht akzeptieren konnte und als ungerecht empfand. Schlimm war sicher auch, dass ich von zuhause keinen Rückhalt hatte, da man mir lediglich gesagt hatte, mein Vater sei „vermisst“. Meine Mutter hatte verboten, mit mir über meine Herkunft zu sprechen. Sie hat sie wohl vor sich selbst verschweigen wollen, denke ich heute.
Kurz vor dem Abitur in der Oberprima kam es zu dem denkwürdigen Ereignis, von dem ich berichten will.

Irgendjemand hatte die Mädchentoiletten mit üblen Sprüchen und Zoten beschmiert. Wutentbrannt und entsetzt stürmte Mater Margareta in unseren Klassenraum, ihre Oberprima. Warum sie ausgerechnet uns zu Zeugen ihres Entsetzens machte entzieht sich meiner Kenntnis, aber sie brauchte wohl ein Podium, um sich abzureagieren.

Völlig empört schilderte sie, was geschehen war, zeigte sich uns als so aufgeregt, erschüttert, ja verstört, wie wir es bei unserer coolen Halbleiterin nie vermutet hätten, dass es geschehen könne. Darüber, nicht etwa über die „Klogeschichte“, war auch ich so bestürzt, dass man es meiner Miene wohl ansehen konnte.

Die muss „die Gretas“ wohl wahrgenommen haben, denn plötzlich brach sie ihre Tirade mitten im Satz ab, wurde ganz ruhig und drehte sich mir zu.

„Renate“, hörte ich eine sanfte Stimme, die mir völlig unvertraut war, „Renate, ich muss mich bei dir entschuldigen.“ Waaas? „Wir haben dir alle viele Jahre Unrecht getan. Aber dein Entsetzen heute zeigt mir, was für ein toller Kern in dir steckt. Verzeih uns, wenn du kannst.“ Mit diesen Worten verließ sie den Klassenraum.

Wir Oberprimanerinnen saßen alle wie erstarrt auf unseren Stühlen und starrten zur Tür. Ich war puterrot geworden und fühlte mich schlecht wie nie. Das

war ja noch viel schlimmer als die Geschichte von Yves! Sie hatte mich auf eine Art und Weise vorgeführt, wie ich es mir nie hätte vorstellen können. Jetzt, spätestens jetzt, wussten alle ...
Vor Scham wäre ich am liebsten weggelaufen und nie mehr wieder an diesen Ort gekommen. Ich fühlte mich geschmäht, bloß gestellt vor allen – Mater Margaretas Worte hatte ich nur als Affront verstanden, der mich endgültig isolierte.

Heute weiß ich, dass niemand von meinen Mitschülerinnen überhaupt verstanden hatte, was da vor sich gegangen war, sondern sie nur gehört hatten, dass die „Gretas" sich zu mir bekannt hatte.
Heute weiß ich auch, wie großartig es eigentlich war, dass sie eine Schuld anerkannte, die mich jahrelang gequält hatte.
Damals ... habe ich nur den Schmerz gespürt, den Schmerz, nicht wie alle anderen zu sein.

Mein

„Und da habe ich ...“ – er erzählt, er erzählt von der Reise, die er mit ihr im letzten Jahr gemacht hat. In ein fernes Land war es gegangen, in dem die anderen noch nie gewesen waren, die anderen, die um den Tisch versammelt waren und auf ihren Nachtisch starrten. Eis mit heißen Himbeeren, gut. Aber dann: „Und da habe ich ...“

Seit der Suppe geht das so: Zunächst wurde von dem Flug berichtet, schon da hat er mit der Stewardess gescherzt und sie hat ihm ... Aber das Beste war dann doch die Ankunft. Am Flughafen ist der Reiseleiter auf sie zugekommen. Da hat er ihm gleich gezeigt, dass er der Landessprache mächtig ist. Mit genau den richtigen Wörtern hat er ihn begrüßt, da hat der aber gestaunt ... Bei der Vorspeise ist man bereits im Hotel angekommen. Die anderen essen genussvoll, schauen ab und zu einmal auf, lassen sich aber den Appetit nicht verderben, zu lecker ist die Forellenmousse. Das sagt nun auch eine der Hausfrau. „Du, die Forelle ...“

„Ja, Forellen“, trompetet er, „Forellen ...“

Schon ist er bei der Geschichte, wie er in dem Gebirgsbach, da haben die anderen aber geguckt, „mit der Hand“, ja, applaudiert haben sie ihm. Denn nun

ist er bei der Reisegruppe: „Nette Leute, bisschen schlicht, aber ...“
Das ist die Gelegenheit für sie: „Schatz, erzähl doch mal, wie du ...“
„Nee“, weist er ab und blickt betont bescheiden in sein Rotweinglas, derweil die anderen sich dem Rinderragout widmen, „nee, das interessiert doch nicht.“ Obwohl niemand dem widerspricht, hebt er erneut an, während er sich ein Stück Fleisch mit der Gabel in den Mund steckt, von einer neuen Heldentat zu berichten, in deren Mittelpunkt natürlich er gestanden hat. Wieder einmal hatte die Reisegruppe es nicht fassen können! Spätestens zu diesem Zeitpunkt ist allen klar, dass weder der Reiseleiter noch die Natur noch die Gebäude das Wichtige waren, sondern er, denn ohne ihn wären diese zwei Wochen en route nur das halbe, vielleicht sogar nur das viertel Erlebnis gewesen. Mit seinen Scherzen hat er die Tage gewürzt, über sein Wissen hat selbst der Reiseleiter gestaunt. Das war dem noch nie vorgekommen, nee, wirklich nicht! Die anderen haben aufgehört zu essen und starren ihn an oder an ihm vorbei. Leer ist ihr Blick geworden, wie bei Gesättigten, satt von den Erlebnissen anderer.
Nur sie hängt an seinen Lippen, obwohl sie das alles doch selbst mitbekommen hat. Jedes Wort scheint sie ihm aus dem Mund zu saugen. Ihre Hand liegt auf

seiner, fest, zupackend. Wenn er mal einen Moment schweigt, weil er sich die Bohnen in den Mund schieben muss, dann atmet sie ganz aufgeregt, hechelt wie ein Hündchen nach langem Lauf, spitzt dann die Lippen und blickt die anderen triumphierend an, weiß sie doch, was nun kommt, es ist ja nicht das erste Mal, dass er erzählt. Überhaupt: Sie ist doch dabei gewesen! Kaum hat er seinen Bissen heruntergeschluckt, drückt sie seine Hand ganz fest und flötet: „Papi!“ – auffordernd, erwartungsvoll.

Mittlerweile haben zwei begonnen, miteinander zu tuscheln und zu lachen, da ertönt ihr wütendes: „Hört zu!“, denn Papi hat erneut das Wort ergriffen und nähert sich, während die Hausfrau den Käse auf den Tisch stellt, dem Höhepunkt der Reise, dem letzten Abend. Natürlich hat er, obwohl er das doch gar nicht wollte, „aber die anderen haben gedrängt – nur du, nur du, du allein kannst das!“ , die Abschiedsrede gehalten. Sie schwenkt seine Hand kurz in die Höhe, zappelt aufgeregt herum und atmet ihm andächtig entgegen, mit hektischen roten Flecken auf den Wangen, während er nun seine Rede wiedergibt, jedes einzelne Wort, gespickt voll mit Zitaten, launigen Scherzchen und viel Bildungswissen – man muss ja schließlich zeigen, was man weiß – na ja, und ein paar Sätze in der Landessprache hat er auch hinzugefügt, zum Erstaunen aller (als ob die nicht gewusst hätten, dass er diese Sprache spricht, das hat er doch jeden Tag unter Beweis gestellt). Ganz am Ende, das war der Höhepunkt, hat er seinen Dank im Namen aller und den Toast in Russisch ausgesprochen, „in Russisch“, betont er noch einmal.

In die auf den Käse gerichteten peinlichen Blicke der anderen hinein, stößt sie nun triumphierend hervor: „Und da hab ich gedacht, das ist meiner, ganz meiner!“ Sie krallt sich fest in seine Hand.

Märchen von der Einsamkeit

Es war einmal ein kleines Mädchen, das war ganz allein in der Welt. Wirklich ganz allein. Vater und Mutter waren ihm seit langem gestorben, und es hatte niemand anderen mehr. Und weil es so furchtbar einsam war, brachten weder Sonne noch Mond, weder Farben noch Töne, weder Vögel noch Blumen ihm Trost. Alles das sah es nicht, und was es sah, kam ihm verdorben vor, erstarrt, farblos und tot.

Da es so furchtbar traurig und allein war, machte es sich auf in die Welt, um zu sehen, ob es ein Plätzchen für sich finden könne, wo es nicht mehr weinen müsse, sondern lachen dürfe.

Nach einer langen Wanderung durch die Ödnis gelangte es an einen Wald, tief und finster. Es schauderte ihm vor all dem Fremden, und es blieb am Saum des Waldes stehen, schaute zurück zu der Ödnis, aus der es kam. Leer war dort alles, nur seine kleinen Fußspuren konnte es im Sand sehen, sonst nichts.

Wie es so da stand, war ihm, als höre es eine leise Stimme. „Komm“, lockte sie, „komm“ und ein drittes Mal: „Komm!“. Es fasste all seinen Mut zusammen und tat den ersten Schritt auf das Dunkel des Waldes zu, zögernd, ängstlich, aber verführt von dieser Stimme, die ihm das „Komm!“ zugerufen hatte.

Schrittchen für Schrittchen tat es in diese unbekannte Dunkelheit, wo nichts ihm vertraut war, bis es plötzlich unversehens in der Mitte des Waldes angekommen war.
Wie erschrak es, als es aufblickte und außer dem tiefen Grün des Laubes nichts mehr über sich sah. Als es sich umschaute, sah es nur die Umrisse der Baumstämme, keinen Weg und keinen Steg. Es wusste nicht mehr, wie es hierhin gelangt war. Als es sich umwandte und zurücklaufen wollte, da wusste es gar nicht mehr, wo es war. Ob es von rechts oder von links gekommen war, es konnte es nicht erkennen. Das Moos hatte seine Spuren verschluckt, im Wald verhallten seine Schreie, nichts war mehr da, was es gekannt hätte. Nur Finsternis, tiefe Finsternis.
Da warf sich das kleine Mädchen auf den Boden, weinte laut auf und vergrub den Kopf in den Händen, so als könne es sich so vor der Unendlichkeit der Finsternis retten. Lange lag es schluchzend unter dem Baum in der Mitte des Waldes, wehklagte laut und fühlte sich unglücklich wie niemals zuvor in seinem Leben. Irgendwann war es eingeschlafen, die Müdigkeit hatte es übermannt.
Am nächsten Morgen und alle die Morgen danach blieb es nach dem Erwachen weinend im Moos sitzen, beklagte sein Unglück und starrte wie blind in die Finsternis um es herum. Nichts nahm es wahr

außer seiner Furcht, und es rührte sich nicht von seinem Fleckchen Moos, bis es abends wieder vor Erschöpfung einschlief.
Dreißig Tage brachte es so zu, allein, weinend, voller Angst und Schrecken. Es hatte kaum noch Tränen zu weinen, alles in ihm war leer und erschöpft. Dann war ihm plötzlich am Tag danach, als höre es etwas. Suchend blickte es sich um, ob denn in dieser Finsternis doch etwas sei.
„Schau“, hörte es ein Flüstern, ganz leise nur, wie in einem Traum.
„Wer bist du?“, wollte es rufen, „Was soll ich schauen?“, aber es konnte niemanden entdecken, dem die Stimme gehörte. Und so versank es wieder in seiner Traurigkeit.
Am nächsten Morgen schien ihm, als bewege sich wieder etwas, und das „Schau nur“ klang schon viel kräftiger, aber erst am dritten Tag sprang es auf, als neben ihm wieder diese Stimme ertönte, kräftig nun: „Schau dich nur um!“
„Wer bist du?“
„Schau dich nur um!“, war die einzige Antwort, die die Stimme ihm gab. „Schau dich nur um!“
Das kleine Mädchen hob den Kopf und sah, dass hoch über ihm etwas Helles durch das Laub der Bäume schien. *Die Sonne*, dachte es, *wie schön ist sie, wenn sie mit den Blättern und Ästen spielt.* Lange schaute

es hoch in die Baumkronen und beobachtete, wie sich Licht und Schatten abwechselten. Es verfolgte den Lauf der Sonne durch die Blätter, bis sie abends im Westen unterging.

Als es abends einschlief, freute es sich schon darauf, am nächsten Morgen wieder zu schauen. Nicht nur die Sonne entdeckte es in dieser Finsternis, sondern auch kleine Blumen in vielerlei Farben, rote und blaue Beeren, helle Pilze. Plötzlich hörte es auch das Singen der Vögel, das Knacken der Zweige, wenn ein Reh nahe bei ihm stehenblieb, roch die Feuchte des Waldes. Es liebte es, mit seinen Händen über die Rinde der Bäume zu streichen oder die Weichheit des Mooses zu spüren. Den ganzen Tag über war es mit Schauen beschäftigt. Wenn es abends müde auf sein Moospolster sank, galt sein letzter Blick dem sanften Schein des Mondes, der in verschiedenen Gestalten über seinem Blätterdach stand.

Irgendwann stellte es fest, dass es die Finsternis des Waldes liebte, die es so gefürchtet hatte. Sie hatte all das geborgen, was sein Leben erfüllte.

Als es eines Tages wieder einmal die Stimme hörte: „Schau nur", fragte es: „Wo bist du?"

„In dir", verklang es zwischen den Bäumen, „in dir ..."

Der Abiturient

Er streicht langsam das dunkle Haar aus der Stirn zurück, senkt den Kopf über den Text, skeptisch, unwillig fast. Was soll er mit diesem Gedicht? Nie hat er eines interpretiert, immer hat er gewusst, dass er damit nichts anfangen kann. Ein Gedicht! Nicht für ihn, nur was für Mädchen, höchstens für Mädchen.

Vorsichtig blinzelt er durch den Haarwald zu ihr, die vor ihm sitzt und wartet. Sie scheint nicht aufzugeben, wartet geduldig, wirkt aber unerbittlich. Er nimmt langsam das Blatt mit dem Text in die Hand, hebt es hoch, konzentriert sich allmählich auf die vielen Buchstaben, die einen Sinn ergeben sollen. Das zumindest hat er gelernt, aber nie erprobt. Erprobt hat er, sich rauszureden, den globalen Rundumschlag zu führen. Den versucht er nun auch. Dann braucht er sich auf den Text nicht einzulassen, von dem er fürchtet, er sei ihm nicht gewachsen. Blamieren möchte er sich nicht, vor niemandem, erst recht nicht vor ihr, die er sein ganzes Leben schon kennt. Schnell beginnt er: „Das ist ein typisches Gedicht ...“, wird aber nach kurzer Zeit von ihr gehindert, sanft, aber dennoch konsequent. Sie bittet ihn, in den Text zu schauen, genau hinzuschauen. Er hat keine Wahl, sie lässt ihn nicht los, er kann nicht entkommen.

Sein Blick fällt auf die Verse. Schnell beginnt er das Reimschema zu nennen, die Kadenzen, den Jambus. Das ist sicherer Boden, da kann man nicht straucheln. Das ist handfest. Und wie er so nennt, erklärt er bereits. Er erklärt, was das Versschema bewirkt, warum der Autor es verwendet hat. Sie nickt, nickt immer wieder, das scheint sie also zu wollen. Nun gut, das kann sie haben! Aber warum lächelt sie, als er nun beginnt, den ersten Vers zu deuten? Es ist doch richtig, was er sagt, oder? Unmerklich gleitet er in den Text, beginnt in der Situation zu leben, fühlt sich ein und spricht darüber. Erst ganz zögerlich, dann immer schneller, dann sicherer, schließlich engagiert. Nun will er verstanden werden. Nun ist es so weit, er will sich auseinandersetzen. Wirklich auseinandersetzen und nicht nur bluffen. Sie lächelt immer mehr. Was hat sie nur? Nun setzt sie vorsichtig nach, wenn er etwas sagt, und er, er lässt sich von ihr in die zweite Strophe führen, ist begierig darauf, den ganzen Text zu sehen, stellt Verbindungen her – und ist verführt, endgültig verführt. Verführt von der Macht des Wortes, der Qualität, der Schönheit. Er und sie sind nun im Gleichklang, schwingen miteinander im Text. Es ist ganz gleichgültig geworden, wer etwas sagt, wer recht hat. Man will sich nicht behaupten, sondern verstehen, gemeinsam verstehen und gemeinsam den Prozess genießen.

Nur einmal ist er kurz verunsichert, als sie ihn lobt. Meint sie das ernst? Sie versteht schließlich was davon. Eigentlich kann er mit Gedichten doch ... Aber diesen Gedanken bringt er nicht zu Ende, weil er nun sieht, wie alles sich rundet, sich zusammenfügt, ein Ganzes wird – ein wunderschönes Ganzes, ein Gedicht, das er nun versteht, ja, das er nicht nur versteht, sondern mag, weil er es in seinen Einzelheiten gesehen hat.

Sie strahlen sich an. Er wirft sein Haar zurück, fährt sich mit den Fingern hindurch und löst sich langsam aus dem Bann, der sie beide beim Arbeiten umfangen hat. Er schaut ihr zu, wie sie die Blätter zusammenschiebt, einen Schluck Tee nimmt und ihm anerkennend zunickt.

Er hat ein romantisches Gedicht interpretiert und schön gefunden. Er hat sich auf etwas eingelassen, das er stets abgelehnt hatte. Zugleich hat er etwas gewonnen: Ruhe, Erkenntnis und Schönheit des Textes – Abitur, Reifeprüfung.

Die Lichter umstellen

Hanne liegt auf ihrem Bett, erschöpft von dem Versuch, sich an dem Barren aufzurichten und dann einen Schritt vorwärts zu gehen. Dass dies so eine Anstrengung sein kann! Nie hat sie darüber nachgedacht, auch nur geahnt, dass ein Schritt nicht selbstverständlich sein könne. Ein einfacher Schritt nur!

Sie hat ihn nicht gehen können. Unbegreiflich ist ihr dies. Völlig fertig fühlt sie sich, körperlich ausgepowert, viel schlimmer: auch seelisch. Hoffnungslos. Wenn man nicht einmal einen Schritt tun kann ...

Dabei hat es ihr so hoffnungsvoll geklungen, als man ihr die Reha vorgeschlagen hat. Endlich raus aus dem Krankenzimmer, in dem sie alles an die beiden schweren Operationen erinnert hat, von denen man ihr erzählt, an die sie aber keinerlei Erinnerung hat. Eine gleich im Schockraum, um das Atemzentrum frei zu machen, dann die andere, die eigentliche, im OP, um die Hirnblutung in den Griff zu bekommen. Ganz langsam nur ist sie in das Leben zurückgekehrt, wenn man das Leben nennen will. Nichts hat sie gekonnt, bei allem hat man ihr helfen müssen, als sie endlich von der Intensivstation in ein normales Krankenzimmer verlegt worden ist. Nur wenige Menschen haben sie besuchen dürfen, haben die Freundinnen doch nicht gewollt, dass man sie so hilflos erlebt.

Ganz langsam ist es besser geworden: Sie hat gelernt, zielgerichtet zu greifen, die linke Hand hat sich gelockert, auch die Worte sind wieder bereitwilliger gekommen, die Gedanken hat sie besser festhalten und steuern können. Da ist es wie eine Erlösung gewesen, als man ihr mitgeteilt hat, sie komme in die Reha.

Die Reha! Auf die hat sie sich gefreut, ist doch ihre feste Vorstellung gewesen, dort werde alles gut, gut, wie früher eben. Buntgeblümte Bettwäsche in einem kleinen Bauernzimmer hat sie sich vorgestellt, ein gemütliches Frühstück in kleiner Runde, ein Schloss inmitten einer idyllischen Gegend, blumenübersäte Wiesen, durch die sie laufen würde ... Fantasien eben, die ihr Auftrieb gegeben haben.

Gelandet ist sie in einem riesigen Betonbau mit vielen Stationen, a - e, durchnummeriert, unpersönlich, zum Speien. Steriles Doppelzimmer statt geblümter Bettwäsche, lieblose Butterbrote auf dem Zimmer statt hausgemachter Marmelade mit netten Menschen. Mitten im Nirgendwo liegt die Reha, kein Baum, der Schatten spendet, unerträgliche Hitze, Staub und Rundläufe, Rundläufe, auf denen man Schritte üben soll ... Schritte, wenn man kann.

Die Freundin hat sie im Rollstuhl um das Haus gefahren, damit sie sieht, wo sie gelandet ist. Ja, gelandet, anders kann man das nicht ausdrücken. Es ist dunkel in ihr, da tröstet es auch nicht, dass sie wieder lesen kann – und genügend Zeit dafür hätte. Hätte! Denn es fällt ihr schwer, sich auf eine Buchseite zu konzentrieren. Immer wieder schiebt sich das Bild der durch blumenübersäte Wiesen tanzenden Hanna dazwischen, die wie selbstverständlich mit ihren Stöcken am Waldrand entlang geht. So hat sie sich das vorgestellt ...

Die Realität: mit dem Rollstuhl, den sie nur schwer bedienen kann, bis kurz vor den Barren fahren, sich dann mühsam aufrichten und gegen den Holm des Barren sinken lassen. Die Hände klammern sich fest. Nur nicht loslassen! Nur nicht fallen! Die Knie beugen, einige Sekunden in der Hocke verharren, dann langsam hochkommen und sich aufrichten. Dies zehnmal: runter, verharren, aufrichten, festhalten, runter, verharren ... Nach dem siebten Mal spätestens brennen die Muskeln, zittern die Arme, würde sie sich am liebsten schreiend auf die Matte schmeißen. „Dreimal noch!“, feuert sie sich an, „dreimal noch, dann Pause“, hört sie die Stimme der Therapeutin. Erschöpft fassen ihre Hände den niederen Holm des Barren, entkrampfen sich, werden gelockert. Kurz nur ist die Pause, dann geht es von neuem los: runter, verharren ...

Danach ist Hanna auf ihr Zimmer zurückgekehrt, hat die Nudeln mit Tomatensoße lustlos in sich hereingelöffelt. Dann ist sie auf ihr Bett gefallen. Dort liegt sie nun. Am liebsten würde sie weinen, sich aufbäumen gegen die Schwäche, laut schreien. Die Schritte, die sie nicht gehen kann, herbeischreien. Es ist doch immer so selbstverständlich gewesen, vorwärts zu gehen. Nichts hat sie sich dabei gedacht. Selbstverständlich und automatisch hat sie es getan. Immer … Und nun? Sie liegt auf ihrem Bett, frustriert, hoffnungslos, starrt an die Decke. Die Augen mag sie nicht schließen, weil dann sofort das Bild der walkenden Hanna vor ihr ist, die die Stöcke schwingt und neben ihrer Freundin wacker voranschreitet, Schritt für Schritt …

Es klopft, leise. Kann nicht für sie sein. Ist Mittagszeit, da kommt kein Besuch. Die Schwestern klopfen nicht, wenn sie eintreten wollen. Die kommen einfach rein, erledigen, was ihnen in den Sinn kommt, fragen nicht, tun einfach! Wieder klopft es, etwas lauter jetzt. Sollte das doch ihr gelten? Kann nicht …

Dennoch ringt sie sich zu einem „Ja!“ durch. Einem „Ja!“, das wenig überzeugt klingt. Die Tür öffnet sich einen Spalt, eine hoch gewachsene Gestalt betritt das Zimmer und schließt die Türe behutsam hinter sich.

„Hanna“, hört sie eine Stimme, die ihr wohlbekannt scheint. „Guten Tag, Hanna.“

Blinzelnd richtet sie sich leicht auf. In dem Licht, das durch das Fenster auf die Tür scheint, steht … Amelie.

Ja, tatsächlich, es ist Amelie: das weiße Haar hoch gesteckt, der Trenchcoat, und, als Hanna sich ein wenig höher reckt, kann sie sie auch erkennen, die hohen dunkelbraunen Stiefel mit dem rostrot abgesetzten Rand, die Amelie sehr zu lieben scheint und zu jeder auch nur halbwegs passenden Gelegenheit trägt.
Ehe sie etwas sagen kann, ist Amelie weiter auf ihr Bett, das im Hintergrund des Raumes, direkt vor dem Fenster steht, zugetreten. „Ich musste einfach kommen", hört Hanna, die der Älteren immer noch fassungslos entgegenstaunt. Amelie. Mit der hätte sie am wenigsten gerechnet. Ein hohes Alter hat sie, die Atemtherapeutin, bei der Hanna seit Jahren an den Seminaren teilnimmt. Aber dass die sie besuchen kommt … Aus Wuppertal. Wie ist sie überhaupt …?
„Lea war so lieb, mich hierherzufahren." Lea, die sie regelmäßig abends besucht und ihr damit die Regelmäßigkeit schenkt, die Hanna so notwendig braucht. „Ich habe gedrängelt, ich müsste zu dir", hört sie weiter, „nun bin ich da."
Hanna hat sich mittlerweile von ihrer Verblüffung erholt.
„Amelie", stößt sie hervor, „Amelie, es ist so schön, dass du da bist." Etwas Besseres fällt ihr nicht ein.
„Ja, ich musste doch kommen. Weil ich das so oft wiederholt habe, hat Lea sich bereiterklärt, mich zu dir

zu fahren. Mit dem Zug hat man ja keine Chance. Sie trinkt jetzt einen Kaffee im Erfrischungsraum."
Das stimmt. Die Reha liegt weit außerhalb des Ortes. Ein Auto ist schon notwendig. Das hat Amelie sich mit Leas Hilfe besorgt, schießt es durch Hannas Kopf, die immer noch nicht recht glauben kann, dass Amelie sich nun zu ihr niederbeugt, ihr einen Kuss auf die Wange haucht und sie fest in die Arme schließt. Ganz fest. So geborgen fühlt sie sich plötzlich. So unerwartet geborgen. Weg von ihrer Unrast, ihrer Unzufriedenheit, der seelischen Dunkelheit, die sie umgibt. Sie lässt sich ganz in diese Umarmung fallen, fühlt sich behütet und sicher, endlich sicher.
„Du", klingt es nun in ihre Gefühle, „ich musste einfach sehen, wie es dir geht. Kommen musste ich, dich in den Arm nehmen und nach dir schauen, auch wenn nur ganz wenig Zeit ist, weil Lea gleich wieder ins Büro muss, wenn sie mich nach Hause gebracht hat."
„Ja", murmelt Hanna, „so schön, dass du da bist." Mehr fällt ihr nicht ein, mehr gibt es aber auch nicht zu sagen. Es ist ganz einfach schön, dass Amelie sie in die Arme geschlossen hat, mehr noch, dass Amelie den weiten Weg auf sich genommen hat, um das zu tun.
„Ich wollte dir noch etwas sagen", unterbricht Amelie die Stille.

Hanna horcht auf und blickt die Besucherin gespannt an.
„Freu dich! Du kannst ganz neu laufen lernen wie ein kleines Kind."
Das ist alles? Neu laufen lernen? Wie ein kleines Kind? Sie will aber doch ...
„Du musst die Lichter nur umstellen", fügt Amelie hinzu, „dann darfst du neu laufen lernen wie ein kleines Kind."
Dann ist die gemeinsame Zeit auch schon vorbei, Lea steckt den Kopf durch die Tür, winkt Hanna zu und gibt Amelie ein Zeichen.
Diese erhebt sich, drückt Hanna noch einmal fest an sich, schaut ihr aufmerksam in die Augen: „Es wird alles gut", sind ihre Worte, als sie bereits an der Türe steht und diese dann hinter sich zu drückt.
Hanna lässt sich in ihr Kissen zurücksinken. So schnell hat sie gar nicht begreifen können, was um sie herum geschehen ist. Da ist doch tatsächlich Amelie ... Und jetzt ist sie wieder weg. Aber sie ist da gewesen. Was hat sie noch gesagt?
Hanna weiß, dass sie Amelies Worte eigentlich gar nicht richtig hat aufnehmen können. Was hat sie noch gesagt? Das war doch ... Laufen lernen wie ein Kind, nein, stärker, **neu** laufen lernen, **wie ein Kind** neu laufen lernen. Freuen soll sie sich darüber,

erinnert sie sich nun. Freuen? Sie hat doch laufen können ... Aber: neu laufen lernen?
Immer wieder lässt sie diese Worte in sich einsinken, auch wenn sie sie noch gar nicht versteht. Eigentlich auch nicht verstehen will! Aber: die Lichter umstellen. Diese Aussage wühlt in ihr, gärt, will verstanden werden. Hat sie sie doch oft gehört, nie wirklich darüber nachgedacht. Doch nun ist sie bei ihr, kann nicht mehr beiseitegeschoben werden. Sie will, dass man sie ernst nimmt: Lichter umstellen.

Das ist der Tag, der alles verändert. In der folgenden Nacht schläft Hanna tief und traumlos. Am nächsten Morgen geht sie motiviert an den Barren, müht sich, sammelt neue Kräfte, wartet, bündelt ihre gewonnenen Energien und tut nach einigen Tagen ihren ersten Schritt. Den neuen Schritt, dem viele weitere folgen. Neu laufen lernen wie ein Kind!
Abenteuer, nicht Last, Freude, nicht Frust, Aufbruch, nicht Resignation.
„Du musst nur die Lichter umstellen."
Nun hat sie begriffen, was das heißt. Keine leeren Worte mehr, oft wiederholt, sondern angenommen, gelebt, getan.
Es geht – sie geht!

Wenn sie heute, fast zehn Jahre später, an diesen Tag denkt, weiß sie, dass er der entscheidende für sie gewesen ist, der alles geändert hat und den sie nie mehr vergessen wird. Wenn sie dann auf ihrem Schrittzähler im Handy "17.239 Schritte" liest, die sie an einem einzigen Tag gegangen ist, dann weiß sie, dass es ihr gelungen ist, die Lichter umzustellen, wie Amelie das immer genannt hat.

Sie hat neu laufen gelernt, wie ein Kind, Schritt für Schritt. 17.239 mal Schritt für Schritt.

Alles wird gut

Klara hastet dem Wald zu. Die Sonne strahlt von einem tiefblauen Himmel, über den nur manchmal winzig kleine weiße Wölkchen ziehen. Das Grün der Wiesen ist noch nicht braun verbrannt, sondern lässt den Tag zu einem Bilderbuch-Sonntag werden mit schmeichelnder Wärme und einem leichten Wind, der ab und zu das Gras bewegt. Einfach nur schön, anders kann man es nicht sagen.

Aber Klara bemerkt nichts davon. In ihr ist Dunkel, tiefstes Dunkel, in das kein Strahl dringt und das kein Windstoß vertreiben kann. Das Dorf hat sie hinter sich gelassen, es liegt schon weit unter ihr in der Senke, die es vor allen Wetterunbilden schützt. Ein Ort zum Gesundwerden. Sicher, er beschirmt und weckt die Kräfte des Menschen, regt sie an, sich wieder dem Leben zu stellen, wenn der Mut dazu verloren gegangen ist.

Deshalb hat man Klara dort hingeschickt: Gesunden soll sie und erneut zu dem Menschen werden, der sie gewesen ist. Sie jedoch flieht vor diesem Ort. Wenn sie kann, wendet sie ihm den Rücken, hastet über den Pfad, der durch die Wiesen aufwärts führt, zum Wald. In seiner Dunkelheit nur fühlt sie sich wohl, verbirgt sich in ihr, entflieht dem Leben dort unten im Dorf.

Die einst so fröhliche und aufgeschlossene Klara, die unbefangen auf jeden Menschen zugegangen ist, ihn mit ihrem Lächeln glücklich gemacht hat, gibt es nicht mehr. Sie ist verschwunden an jenem Tag im März, der ...

Unwirsch vertreibt Klara die aufsteigenden Gedanken an jenen Tag und beschleunigt ihre Schritte, obwohl sie bereits mühevoll keucht und die letzte Steigung überwinden muss, ehe sie zu ihrem Zufluchtsort kann. Aufatmend stürzt sie in den Wald, der sich sofort dicht um sie schmiegt, und dringt hektisch weiter in ihn vor. Zu ihrem Baum will sie, der inmitten von anderen, die kaum Licht ins Dunkel dringen lassen, steht und ihr mit seinem Moospolster Schutz und Sicherheit gewährt. Hier kann niemand sie finden, hier ist sie gerettet vor all den Menschen, die „doch nur ihr Gutes wollen", wie sie immer sagen.

Kurz schießt ihr der Gedanke an Hans durch den Sinn, Hans, der tagtäglich eine Gelegenheit findet, sie irgendwo zu sehen, ein paar Worte mit ihr zu wechseln oder ihr auch einfach nur von weitem zuzulächeln. Sie jedoch übersieht ihn, antwortet, wenn nötig, nur unfreundlich, bleibt unzugänglich. Das muss er doch kapieren! Sie will nicht, sie kann nicht, nie mehr! Das ist vorbei, seit ...

Schon stürzen ihr die Tränen aus den Augen, als sie an diesen Tag im März denkt, der ihr Leben verändert

hat. Nein, nicht verändert, zerstört. Wehmütig lässt sie sich auf das Moos zu Füßen ihres Baumes fallen und versucht, der Tränen Herr zu werden, die ihr unaufhaltsam aus den Augen stürzen. Dabei berührt sie die Narbe, die von der rechten Schläfe quer durch ihr Gesicht zum linken Winkel des Kinns führt. Die Narbe! Wie sie sie hasst! Sie will sie nicht! Aber sie ist da, bleibt, lässt keinen Menschen mehr die Klara sehen, die sie einstmals gewesen ist. Nie mehr sein wird! Dies ist ihr einziger Gedanke, der sie umtreibt. Nie mehr wird sie Klara sein können, die Reine, die Klare, wie ihr Vater, der Lateinlehrer, immer gesagt hat, Klara von clarus, gleich: rein, klar. Deshalb hat er ihr schließlich den Namen gegeben.
Er hat so gut gepasst, dieser Name. Zu einem „engelsgleichen" Mädchen ist sie heran gewachsen, „Engelchen" hat sie die Großmutter gerufen, die nun auch schon eine ganze Weile im Grab ruht. Ja, mit ihren blonden Locken, die sich um ihr Gesicht geschmiegt haben, den blauen Augen, in denen sich der Himmel widergespiegelt hat und ihren gleichmäßigen Gesichtszügen hat sie tatsächlich an einen Engel erinnert, der auf diese Erde gekommen ist, um die Menschen zu erfreuen. So hat Klara gelebt bis zu jenem finsteren Abend, an dem er, der Satan, wie sie meint, sie überfallen und ihr das Messer durch das Gesicht gezogen hat.

Laut schluchzt sie auf, als sie wieder die Arme um sich spürt und das Messer ...
„Hallo“, raunt es.
Hallo? Das ist nur der Wind in den Zweigen, der narrt sie. Klara senkt den Kopf, den sie lauschend erhoben hat, wieder und wischt sich die Tränen, die nun nicht mehr so heftig laufen, aus den Augenwinkeln.
Aber da ..., da ist es doch wieder: „Hallo!“
Sie kann sich doch nicht so verhört haben! Oder ist sie auf dem besten Wege, verrückt zu werden? Nein, nun hört sie es ganz deutlich.
„Hallo! Du ...“
Klara schaut nach rechts: dichter Wald, hohes Gestrüpp. Daher kann es also nicht gekommen sein. Sie schaut nach links: ebenfalls hohe Bäume, ein Moospolster unter ihnen.
„Hier, hier bin ich“, flüstert es mit einer Stimme, die irgendwie nicht menschlich klingt.
„Wo ..., wo sind Sie?“, haucht Klara nach links, denn ihr ist, als sei die Stimme von dort gekommen.
„Hier! Siehst du mich denn nicht?“, raunt es, „Ich bin doch hier.“
Angestrengt blickt das Mädchen nun zu dem Moospolster, das sich leicht zu bewegen scheint.
„Im Moos?“, fragt es ungläubig.
„Nicht **im** Moos, **ich bin das Moos**.“

„Du bist das Moos? Aber ..., aber das geht doch nicht. Moos kann nicht sprechen."
„Was du nicht sagst! Du Menschenkind glaubst mir nicht?"
„Ne ..., äh ..., ich weiß nicht", stammelt Klara, die sich nun aufgesetzt und völlig vergessen hat, dass sie ja eigentlich nur zum Trauern in den Wald gegangen ist. An diese Stelle ist Neugier getreten, Aufmerksamkeit. Natürlich auch Unglaube, aber ..., sie kann sich doch diese Stimme nicht eingebildet haben.
„Geh nun nach Hause, Menschenkind. Komm morgen wieder, ohne Tränen. Komm hierhin!"
„Aber wer bist du?"
Leise murmelt es: „Hab Vertrauen, Menschenkind. Irgendwann wirst du mich sehen, wenn du wiederkommst und mir vertraust. Ich hab dich lieb."
„Ja", flüstert Klara, die nicht versteht, aber darüber ihren Kummer völlig vergessen hat.
„Ich hab dich lieb", murmelt sie unaufhörlich vor sich hin, als sie mit viel rüstigerem Schritt als sonst zu dem Dorf zurückkehrt, in dem man bereits mit dem Essen auf sie wartet, das sie an diesem Abend in Gedanken versunken verschlingt. Zum ersten Mal, seit sie hier ist, wie ihre Tante begeistert vermerkt, aber natürlich nicht erwähnt.
„Ich hab dich lieb." Mit diesen Worten schläft Klara ein, die ihr tägliches Abendritual vergessen hat: vor

dem Spiegel ihre eklige Narbe im Gesicht zu betasten, was sie dann stets am Schlafen gehindert hat.
Früh am Morgen eilt Klara mit schnellem Schritt zum Wald, dringt eilig in ihn ein und hastet zu dem Moospolster unter den dicken Bäumen. Heute muss es sich entscheiden! Heute wird sie erkennen, ob all das gestern nur ein Traum war. Ein sehr schöner zwar, aber nicht Wirklichkeit.
Nichts tut sich, als sie sich niederlässt. Enttäuscht greift Klara zu ihrer Narbe, streicht darüber, und schon treten ihr die Tränen in die Augen. Ob aus Unbehagen, weil sie gestern wohl nur geträumt hat, oder aus Kummer, der sie seit jenem Abend aufzufressen droht, weiß sie nicht so recht, aber die Tränen fließen nun heftiger.
„Menschenskind", hört sie da leise etwas Stimmähnliches. Ja, es ist nicht wirklich eine Stimme, sondern ..., was ist es nur? Moosig ist es, fällt ihr plötzlich ein, moosig. Anders kann sie es nicht beschreiben. Kaum hörbar, aber deutlich zu erkennen. „Hör auf zu weinen! Das macht dich hässlich."
„Ich bin hässlich", stößt Klara hervor, „ganz hässlich." Heftiger fließen ihre Tränen, unaufhaltsam jetzt, erinnert sie sich doch wieder an den Abend, an dem sie so verunstaltet worden ist.
„Nein, du bist nicht hässlich. Schau mal, welch schönes Haar du hast!"

Klara streicht vorsichtig über eine Haarsträhne, fasst sich dann in den Haarwust und vergisst dabei das Schluchzen.

„Ganz golden ist es."

„Golden?"

Ja, wenn ein Sonnenstrahl dich trifft, ist es golden. Und so dicht. Und so glänzend. Trau dich, geh in die Sonne."

Zögernd blickt Klara zu dem Moospolster, das ihr heute etwas höher erscheint als gestern, welliger, bewegter. Dann tut sie ein paar Schritte, bis sie in dem durch die Bäume fallenden Sonnenlicht steht.

„Ganz golden", raunt es um sie herum, „so schön. Ich liebe dein goldenes Haar."

„Es ist stumpf. Es lebt nicht mehr. Ich mag es nicht anfassen."

„Geh und wasche es. Dann kommst du morgen wieder. Ich hab dich lieb." Fast wie ein Seufzer klingt das, dann tritt Ruhe ein. Absolute Ruhe. Der Moosberg senkt sich.

Zur Überraschung der Tante eilt Klara zu Hause in das Badezimmer und verweilt eine lange Weile in ihm. Als sie es verlässt, schmiegt sich ihr blondes Haar in leichten Wellen um ihren Kopf und verbirgt einen großen Teil der Narbe, die Klara so unglücklich macht.

„Mhhh“, schnuppert die Tante, „du riechst gut. Nach Apfel und ...“ Noch einmal nimmt sie einen tiefen Zug mit der Nase. „Blüten rieche ich, Frühling.“ *Freude*, denkt sie, aber das spricht sie nicht aus. Ist das ein erstes Zeichen für Hoffnung? „Gut siehst du aus“, murmelt sie wie nebenbei, aber sie verspürt ein Stück Glück, dass Klara mit ihrem Haarewaschen vielleicht ein kleines bisschen ins Leben zurückgekehrt ist.

Tag für Tag eilt diese in den Wald. Das tut sie schon einige Wochen lang, seit sie bei der Tante ist, aber das Eilen ist ein anderes geworden. Nicht mehr, um ungestört weinen zu können, zieht Klara sich unter die Bäume zurück, sondern freudig, dabei äußerst ungeduldig, gespannt, fieberhaft fast. Will sie doch nichts anderes als zu ihrem Mooskissen, das so wundersam mit ihr spricht, immer da ist für sie, wenn sie das braucht. Das Besondere aber sind seine Worte: „Ich hab dich lieb.“ Nach diesen sehnt sie sich, spricht sie seit einiger Zeit auch immer aus, wenn sie das Moos verlässt: „Ich hab dich lieb, mein Moos, ich hab dich lieb.“ Selbstverständlich ist ihr geworden, was sie tut.

Heute jedoch scheint alles anders, als sie – der Herbst beginnt schon – in aller Frühe an ihrem Baum ankommt. Wo sich sonst das grüne Mooskissen erstreckt, ist alles leer, braun, Waldboden.

„Nein", ruft sie, „nein! Wer hat mein Moos weggenommen?"
„Pschschscht ...", hört sie, ganz leise, nur wie einen Hauch.
„Aber ...? Wo bist du denn?" Hört sie richtig? Hat das nicht gerade wie ein Kichern geklungen, das sich zum lauten Lachen gesteigert hat? Ungeduldig plärrt sie nun wie ein kleines Kind: „Moos, wo bist du? Ich will dich sehen!"
„Setz dich hin", vernimmt sie nun, fast ein wenig ärgerlich.
Wie befohlen, so getan! Klara sinkt auf den Waldboden und fasst sich an ihre Narbe im Gesicht, was sie lange nicht mehr getan hat. „Furchtbar", murmelt sie vor sich hin, „ganz furchtbar. Ich bin hässlich."
„Lass locker, Hände weg", ertönt es nun, erstaunlich laut, befehlsgewohnt.
Erschrocken lässt Klara die Hände sinken und späht in das Waldesdunkel, in dem sich etwas zu bewegen scheint. Erkennen kann sie allerdings nichts, ahnt nur, dass sie nicht allein ist. Erstaunlicherweise hat sie keine Angst, sondern verspürt nur Neugier, Aufregung, Anspannung.
Ganz gefasst sagt sie plötzlich: „Moos, ich hab dich doch so lieb! Wo bist du nur?" Völlig ungeplant hat sie das ausgesprochen, selbst erst in diesem Augenblick gemerkt, dass stimmt, was sie sagt. Moos lieb

haben, so ein Quatsch eigentlich! Aber nein, hier ist das alles anders. „Ich hab dich lieb", flüstert sie noch einmal, fast unbewusst und zugleich sehr nachdenklich. Ehrlich: „Ich hab dich lieb."

„Komm zu mir, komm hinter den Baum, meine Liebe. Ich möchte, dass du näher bei mir bist."

Konzentriert richtet Klara sich auf, bleibt stehen, schaut zu dem Baum, späht, ob sie etwas sehen kann.

„Komm näher", lockt nun die moosige Stimme, „komm hinter den Baum." Ganz erregt klingt das.

Entschlossen macht Klara einen Schritt auf den Baum zu, dann einen weiteren und ... Verblüfft bleibt sie stehen. Ist das? Ja, was ist das nur? Vor ihr steht hoch aufgerichtet das Moos, nein, falsch, vor ihr steht hoch aufgerichtet ein Moosmann und blickt ihr aufmerksam, fast ängstlich entgegen. Auf seinem runden grünen Kopf sitzt wie ein Pilz ein roter Hut und beschattet den grünen Bart, der nervös um des Männleins Mund zuckt. Hat er etwa Furcht? Eine zinnoberrote Filzhose wird von zwei roten Hosenträgern gehalten. Um den Bauch hat er einen weinroten Gürtel geschnallt, der die weite Hose zusammenzuhalten scheint.

Intensiv blickt der Moosmann zu Klara, die ihn anstarrt und nicht weiß, ob das, was sie sieht, Wirklichkeit ist.

„Hallo, du“, sagt sie nach einer ganzen Weile, als beide einander nur fixiert haben, „hallo. Bist du …“, zögert sie, „bist du mein Moos?“, fährt sie sicherer fort, weil sie spürt, dass sie nun entschieden sein muss. Er scheint das gerade nicht sein zu können.

Langsam nickt er. Seine Augen blicken sie voller Wärme an, und doch flackert Unruhe in ihnen, als zweifle er aus irgendeinem Grund. „Würdest du“, hört sie nun seine unverkennbare leise Stimme, „könntest du dir vorstellen, dass …?“

„Was denn?“, fragt sie in sein ängstliches Schweigen, „was könnte ich mir vorstellen?“

Konzentriert blickt er sie nun an. „Könntest du dir vorstellen, mich zu umarmen?“

„Ja doch, ja“, ruft sie, „selbstverständlich“, läuft auf ihn zu, breitet die Arme weit aus und umschlingt ihn fest: seinen Körper aus Moos, die Filzträger, den ganzen Mann. Sie schmiegt sich an ihn und hält ihn ganz fest, bis sie seinen Gegendruck spürt. Da lässt sie ihren Kopf auf seine Schulter sinken und bedeckt seinen grünen Oberkörper mit ihren langen blonden Haaren.

„Oh“, hört sie, „das tut so gut. Eine Minute noch, dann erzähl ich dir meine Geschichte.“

Aus einer Minute werden mehrere, dann fühlt Klara, wie ihre Hand ergriffen und sie zu dem Platz unter

dem Baum geführt wird, an dem vorher der Moosfleck gewesen ist.
„Komm, setzen wir uns hierhin“, hört sie eine zwar leise, nun aber wieder festere Stimme und fühlt sich niedergezogen. „Lehn dich an mich, ganz nah. Das ist so schön!“
Klara tut, wie er geheißen hat, berührt zunächst sehr vorsichtig die moosige Oberseite des Männleins und schmiegt sich dann ganz vertrauensvoll in seine Arme, die er zunächst ausgebreitet und nun fest um sie geschlossen hat.
Das Moos spricht zunächst kein Wort, scheint nur wohlig aufzuseufzen, zieht Klara dann noch fester an sich, bis sie spürt, dass sie eins wird mit ihm. „So ist gut“, hört sie, so bleiben wir den ganzen Tag!“
„Den ganzen Tag?“ Klara versteht zwar nicht, umfasst den Mooskörper neben sich aber inniger, drückt ihn liebevoll an sich und spürt Glück. Glück, zum ersten Mal seit jenem Abend, als ...
„Denk nicht dran“, klingt es beschwörend neben ihr, „vergiss und freu dich an dem, das du hast!“
Eine ganze Weile Schweigen, dann: „Ja, oh ja, ich will nur an dich denken. Aber ..., wie kommt es ...?“
„Pschschscht ...“, ertönt es neben ihr, „pschschscht! Du hast mir einen ganzen Tag geschenkt.“
„Ich?“

„Ja. Du hast mich umarmt und damit gezeigt, dass du mich lieb hast."
Wie um das zu bestätigen, drückt Klara noch einmal das Männlein fest an sich, lässt aber dann bei einem leisen Wehlaut erschrocken los.
„Du darfst mich umarmen", sagt es nun neben ihr, weich und moosig, „aber, bitte, drück mich nicht. Dann zerstörst du mein Moospolster, und ich kann nicht mehr länger leben."
„Oh", haucht Klara und drückt sich leicht, aber dennoch nahe an das Moospolstermännchen. „Ich will dir nicht wehtun, ich hab dich doch lieb."
„Ja, Klara, meine Liebe, ich weiß. Weil du mich lieb hast, darf ich dir einen Tag ganz nahe sein, wie ein Mensch. Lass uns diesen Tag genießen, wir haben ja nur den einen. Ich hab dich auch so lieb."
Klara ist verstummt. Einen Tag nur? Das ist doch ... Nein, falsch, ruft sie sich zur Ordnung. Wir ***haben*** einen ganzen Tag!
Es wird ein wunderschöner Tag für die beiden, das Moosmännchen und Klara. Sie liegen eng beieinander, sprechen wenig, vergewissern sich – immer erneut – fühlend, dass der andere da ist, leben die Worte „Ich hab dich lieb." einen ganzen Tag lang aus. Als die Dämmerung einbricht, hat er Klaras Narbe so intensiv gestreichelt, dass sie fast verschwunden ist. Sie hat ihm dafür unendlich viele Umarmungen

geschenkt, ihn so geliebt, wie ein Menschenkind das bei einem Moosmännlein nur kann, und nicht ein einziges Mal gedacht, sie sei hässlich.

Plötzlich bemerkt Klara, dass es dämmert und dunkel wird im Wald. „Oh nein“, ruft sie, „ich will das nicht. Du sollst bei mir bleiben, ich hab dich doch so lieb.“
Sie spürt eine zarte Berührung, wie Feenflügel flattert es über ihren ganzen Körper. Ganz zuletzt verweilen moosige Finger lange auf ihrer Narbe, streicheln sie und schwinden dann.
„Du bist so wunderschön, Klara“, hört sie eine immer leiser werdende Stimme. Dann, fast vergehend: „Danke für diesen Tag. Ich hab dich so ...“
„Moosmann, Moosmann, bleib!“ Aber sie liegt allein unter dem Baum, wo sie ihn eben noch neben sich gespürt hat. Nein, das ist falsch, sie ist nicht allein, wie sie nun fühlt, sondern liegt auf einem Polster aus Moos, an dessen Rändern etwas Zinnoberrotes ist, das sie aber nicht genauer erkennen kann.
Das Moospolster wird immer an diesem Ort sein, versteht sie nun. Hier kann sie immer wieder hinkommen, allein oder auch mit anderen. Mit anderen ...? Mit Hans vielleicht?
Klara streicht sich über ihre Narbe im Gesicht, die sie kaum noch spürt. Sie lächelt, ein wenig traurig noch, und tritt aus dem Schatten der Bäume, atmet tief

durch und geht auf ihn zu, der sie so viele Monate geduldig am Wiesenrand erwartet hat: Hans, dessen Hand sie ergreift. Mit ihm geht sie auf das Dorf zu.

Märchen – Der Nacht und die Tänzerin

Es war einmal eine kleine Tänzerin, die wirbelte so schnell und graziös über die Bühne, dass alle, die sie sahen, voller Bewunderung waren. „Sie ist die Beste“, sagten sie, und: „Sie ist die Schönste“ und: „Wir lieben sie.“

Und sie liebte ihr Publikum, das ihr entgegenatmete. Sie liebte alle diese Gesichter, die mit glänzenden Augen zu ihr aufschauten, sie liebte die frenetisch applaudierenden Hände und die Begeisterungsrufe, die zu ihr empor brandeten. Jeden Abend genoss sie ihren Tanz und die anschließende Begeisterung. Zierlich stand sie dort oben über den Menschenmassen, die sie mit Beifall überschütteten, fasste ihr weißes Kleidchen mit beiden Händen und knickste, lächelnd und atemlos, voller Freude über ihre Kunst und die Anbetung der Zuschauer.

Doch eines Abends geschah etwas Furchtbares. Als sie dort oben stand, kam ein plötzlicher Windstoß, der war so stark, dass er ihr weißes Kleid erfasste und davontrug, ehe sie es halten konnte.

„Sie ist ja nackt“, schrien die Menschen von unten, „schaut nur, ganz nackt ist sie!“ „Hässlich“, „abscheulich“, „scheußlich.“ Dies und mehr riefen die Menschen, die sie früher so bewundert hatten, nun aber

ausbuhten und verlachten. Ängstlich hielt sich die kleine Tänzerin die Hände vor den Leib, alle Grazie war ihr mit einem Schlag genommen. Sie war nur noch ein kleines verschrecktes Kind. Als die Rufe immer lauter und gellender wurden, floh sie von der Bühne, lief durch das Theater auf die Straßen der Stadt und konnte nicht eher anhalten, als bis sie an den Waldessaum kam. Dort verharrte sie, atemlos, und schaute voller Furcht in das Dunkel, das sich vor ihr auftat. Aber da sie glaubte, immer noch die gemeinen Stimmen der Zuschauer zu hören, schlug sie die Hände über den Ohren zusammen, rannte weiter, immer weiter, bis sie nirgendwo mehr ein Licht sehen konnte. Sie stolperte über eine Baumwurzel und fiel heftig zu Boden. Aufschluchzend lag sie dort und konnte gar nicht mehr aufhören zu weinen.
Da hörte sie plötzlich neben sich eine knarzende Stimme: „Warum weinst du denn so, kleines Kind?"
Erschrocken schlug sie die Hände vor dem Leibe zusammen, damit niemand ihre Blöße sähe und sagte mit zitternder Stimme: „Wo bist du? Ich kann dich nicht sehen. Es ist so dunkel."
„In dir ist es dunkel, deshalb kannst du mich nicht sehen", entgegnete die Stimme des unbekannten Wesens. „Schau mal genau hin, hier bin ich, neben dir."
Voller Angst sprang die Tänzerin auf.

„Au“, ertönte es da von unten, „warum trittst du mich?“
„En... ent... entschuldige“, stammelte sie atemlos, „das wollte ich nicht.“
„Nein, das weiß ich, du bist ein gutes Kind, das sehe ich. Setz dich dort auf den grünen Flecken Moos, dort hast du es weich und warm.“
Noch immer ängstlich tat die Tänzerin wie ihr geheißen.
„So“, hörte es die Stimme von neuem, „nun atme ganz langsam und tief so wie ich.“
Und sie hörte die Atemzüge des unbekannten Wesens, ein – aus, ein – aus, langsam und gleichmäßig. Und als sie so mit ihm atmete, erfasste sie allmählich eine tiefe Ruhe. Sie konnte plötzlich in dem Dunkel sehen. Neben ihr auf dem Boden lag eine knorrige Wurzel, die sich im Rhythmus des Atems auf- und niederbewegte. Da verlor sie völlig ihre Angst, denn sie wusste, dass man ihr nichts Böses wollte.
„Wer bist du?“, fragte sie nun neugierig.
„Ich bin der Nacht“, kam als Antwort.
„Der Nacht? Heißt das nicht die Nacht?“, wollte sie wissen, nun wieder sicherer.
„Ich sage dir doch, ich bin der Nacht, das musst du mir glauben.“
„Oh, aber ...“ Sie verstummte, weil es wieder dunkler um sie geworden war. „Ja, gut, du bist der Nacht“,

beschloss sie und konnte nun auch wieder das Wesen neben sich etwas besser sehen. Alt sah es aus, knorzig und war furchtbar mit Schmutz bedeckt. „Soll ich dich reinigen?“, fragte die Tänzerin. Sie machte sich ans Werk, ehe sie eine Antwort erhalten hatte. Mit ihren Fingern rieb und schabte sie, kratzte und schrubbte, und dann löste sie mit dem Tau des Mooses die letzten Reste des Schmutzes von der Wurzel. Und siehe da, es glänzte goldig. Als sie weiter rieb, entdeckte sie, dass der Nacht wunderschöne Kleidung trug: rot und schwarz und golden.

„Warum liegst du hier auf der Erde?“, fragte sie ihn, „du bist so schön, du solltest tanzen!“ „Tanzen? Ich? Ich kann ja nicht einmal richtig gehen, wie sollte ich da tanzen?“

„Komm, ich zeig es dir“, rief die Tänzerin und vergaß völlig, dass sie ihr Kleid verloren hatte, ohne das sie glaubte, nie mehr tanzen zu können. Sie zog und zerrte an ihm, bis er schwankend stand. Dann reichte sie ihm eine ihrer Hände und machte einen eleganten Schritt nach vorne. Ungeschickte folgte er ihr, stampfte auf mit einem Bein, schien sich kaum halten zu können und wollte aufgeben. Sie aber ließ nicht locker. Viele Stunden lang zeigte sie ihm, wie man hüpfen und springen konnte, leicht und graziös, und sie atmeten beide im Rhythmus des Tanzens. Endlich gelang es ihm: Er löste sich von der Erde, schwang die

Arme in die Luft, tanzte mit leichten Bewegungen mit ihr, der kleinen Tänzerin, mitten in der Dunkelheit des Waldes.

Als es jedoch heller wurde, zuckte sie zusammen, blickte an sich herunter, bedeckte ihren Leib wieder mit den Armen und begann erneut zu schluchzen. Der Nacht hielt inne in seinen Sprüngen, schaute die kleine Tänzerin an und fragte: „Warum bist du wieder traurig?“

„Ich bin so hässlich“, weinte sie laut auf, „ich kann nie mehr tanzen.“

„Warum kannst du nicht mehr tanzen?“, wollte er wissen.

„Ich habe mein weißes Kleid verloren, und ohne mein Kleid kann ich nicht mehr tanzen. Oh, es ist so schrecklich, nie mehr werde ich tanzen können.“

„Aber“, sagte er ganz behutsam, „du hast doch mit mir getanzt, die ganze Nacht.“

„Da konnte ja auch niemand sehen, wie hässlich ich bin.“

„Ich habe dich gesehen“, bemerkte er, „und ich habe gesehen, wie gut du tanzen kannst. Du bist die beste Tänzerin, die ich kenne.“

„Aber ohne mein weißes Kleid werde ich nie mehr auf einer Bühne stehen können, nie mehr“, jammerte sie und konnte sich nicht beruhigen.

„Und wenn ich dir ein Kleid schenke, schöner als alles, was die Menschen bisher gesehen haben?“
Mit großen Augen, die voller Tränen standen, schaute sie auf zu ihm, konnte nicht glauben, was er gesagt hatte. „Du mir ein Kleid schenken, aber...“
Da richtete er sich auf. Sie sah, wie er immer größer wurde, so groß, dass er bis an den Himmel reichte, und etwas abzupfte, sich zu ihr herunterbeugte und über sie warf.
Plötzlich war alle Kälte, die sie ob ihrer Nacktheit empfunden hatte, verschwunden. Sie sah an sich herunter und sah ein wundervolles Blau, das ihren Leib einhüllte, ein Blau, wie es der Himmel über ihr trug. Noch einmal und dann wieder und wieder richtete der Nacht sich auf, pflückte goldene Sterne vom Himmel, große und kleine, heftete sie an ihr blaues Kleid. Die glänzten und schimmerten, dass sie es kaum fassen konnte, so schön waren sie.
„Du hast mich alten Tölpel gereinigt und mir das Tanzen gegeben. Deshalb gebe ich dir das Beste, was der Nacht zu geben hat: sein Blau und seine Sterne. Sei glücklich mit ihnen!“ Die kleine Tänzerin bedankte sich und eilte graziös von dannen. Und als sie den Menschen in der Stadt begegnete, schauten alle sie an, lächelten und freuten sich über die glitzernden Sterne, die sie im Blau auf sich trug.

Als sie, nachdem es dunkel geworden war, auf der Bühne stand, begann sie langsam zu tanzen, innig und versunken. Die Sterne leuchteten golden auf ihrem Kleid. Als sie aufschaute, da sah sie nicht die vielen Menschen, die sie betrachteten, sondern sie sah nur ihn, wie er in dem dunklen Wald dahinglitt, elegant und graziös, und da spürte sie, dass sie beide atmeten im Rhythmus des Tanzes, sie und der Nacht.

Und seither tanzen sie stets gemeinsam, sie auf ihrer Bühne und er in seinem dunklen Wald.

Der Mann mit dem Sessel

Nachdenklich schaute er auf den Sessel, der genau richtig stand, genau richtig. In dieser Ecke bot er ihm Drinnen und Draußen. Beides brauchte er. Beides bot ihm der Sessel. Er mochte ihn mit seinem schwarzen Leder, freischwingend auf seinen Stahlkufen, modern und doch klassisch zugleich. Sein Sessel war ja auch das einzige, was ihm in dieser Wohnung gehörte. Alle seine anderen Möbel waren eingelagert, draußen, am Stadtrand, wo die Container nicht so teuer waren. Mitunter besuchte er sie und stellte sich vor, wie er sie in einer anderen Wohnung aufstellen würde, gruppierte sie im Geiste, rückte sie von einer Stelle an eine andere, bewohnte sie. Dann schloss er die Türe des Containers wieder ab und ging zurück in ihre Wohnung.

In **ihre** Wohnung, wo er vor mehr als vier Jahren eingezogen war, weil er plötzlich kein Dach mehr über dem Kopf gehabt hatte. Nur mit dem Sessel war er damals bei ihr eingezogen, „vorübergehend“, wie sie gesagt hatten, bis er eine neue Wohnung hätte. Der Sessel hatte mal hier und mal dort in der Wohnung gestanden. In ihm hatte er gelesen und ferngesehen, lange und gute Gespräche geführt, die Wohnungsanzeigen in der Zeitung angekreuzt und die angegebenen Telefonnummern angerufen. Wenn er traurig gewesen war, hatte er sich in seinen Sessel zurückgezogen, sich in ihm sicher und aufgehoben gefühlt, ganz bei sich. Wenn er Kontakt gewollt hatte, hatte er ihn von seinem Sessel aus gesucht, in den sich wirklich nie jemand außer ihm gesetzt hatte, weil ja alle ihre Besucher wussten, dass dies sein Sessel war, allein sein Sessel.

Seit vier Jahren ging das nun so. Alle hatten sich an ihn – den Mann, den Sessel – in ihrer Wohnung gewöhnt. Zunächst waren sie befremdet gewesen, als er geblieben, immer länger geblieben war, seinen Sessel von Stelle zu Stelle gerückt hatte, als müsse er den besten Platz für ihn finden. Allmählich wurde es allen vertraut, ihn in ihrer Wohnung zu finden: der Familie und den Freunden, auch dem Postboten, dem Zeitungsausträger, dem Kurierdienst, bei dem er seine Bücher bestellte, und den Nachbarn sowieso.

In den ersten Jahren hatte er noch häufig Wohnungen besichtigt, in der Nähe und auch weiter fort von ihrer Wohnung. Schöne waren darunter gewesen, weit und offen, hoch und hell, eng und gemütlich, modern und von der Jahrhundertwende. Aber für keine von ihnen hatte er sich entscheiden können. In keine von ihnen hätte sein Sessel so gut gepasst wie in ihre Wohnung, in keine von ihnen. Also war er geblieben, zunächst Tag um Tag, dann Woche um Woche, Monat um Monat, aus denen Jahre wurden. Vier

Jahre mittlerweile: Er war immer noch da mit seinem Sessel. Immer seltener schaute er in die Zeitungen, immer mehr vergaß er, dass er nur „vorübergehend“ bei ihr eingezogen war, nur mit dem Notwendigsten, nicht mehr.

Nachdenklich schaute er auf den Sessel, der genau richtig stand, genau richtig, weil er ihm beides bot: Drinnen und Draußen, im richtigen Verhältnis.

Der Sessel stand richtig! Er schreckte auf, griff sich langsam an die Stirn. Es durfte nicht sein, nie durfte das sein, das war ihm klar. Niemals durfte der Sessel den richtigen Platz haben, niemals. Denn dann müsste er gehen, unbedingt, das konnte er nicht aushalten: Es gab keinen richtigen Platz, durfte ihn nicht geben. Alles musste vorläufig sein!

Schnell eilte er durch das Zimmer zu dem Sessel, fasste ihn bei der Lehne und schob ihn aufatmend weg, einige Zentimeter nur, ins Dunkle.

Der Sessel – ihre Version

Seit vier Jahren stand der Sessel in ihrer Wohnung, mal hier, mal dort, an wechselnden Orten. Sie fand es gut so, wie es war. Zunächst hatte sie geglaubt, er bleibe nur wenige Wochen, aber dann hatte auch sie sich gewöhnt. Es wurde Normalität, dass der Sessel in ihrer Wohnung hin und her rückte, es wurde

Normalität, dass nur er in ihm saß, dass nie darüber gesprochen wurde, auch das wurde Normalität.
Aber je mehr Zeit verging, umso begieriger wurde sie, sich einmal in diesem Sessel, seinem Sessel, den er als einziges in ihre Wohnung mitgebracht hatte, niederzulassen, nur ein einziges Mal.
Da sie wusste, wie sehr er seinen Sessel liebte und wie eigenwillig er ihn als seinen Besitz betrachtete, seinen alleinigen Besitz in dieser Wohnung, in der nichts anderes ihm gehörte, widerstand sie lange ihrem Begehren, sehr lange, wohl weil sie ahnte, dass hinterher nichts mehr sein würde wie derzeit. Sie gewöhnte sich immer mehr daran, sie, den Sessel und den Mann, wie selbstverständlich täglich bei sich zu haben, Tag und Nacht, sommers und winters, immer.
So gingen die Jahre ins Land, bis sie sich eines Tages, gedankenlos fast, quasi ohne es zu wollen, wirklich zu wollen, mit einem Buch in seinem Sessel niederließ.
Gut fühlte er sich an, schwingend, gab den Bewegungen nach, fast als sei er für ihren Körper gemacht. Sie schmiegte sich in seinen Sitz, zog die Beine an und versenkte sich in ihr Buch. Das leise Schwingen des Sessels bei jeder ihrer Bewegungen genoss sie. Aufstehen mochte sie nicht mehr, warum auch? Sie passte doch in diesen Sessel, oder nicht?
Als er nach einigen Stunden zurückkehrte und sie in seinem Sessel lesend vorfand, in seinem Sessel,

schaute er sie nur stumm an, drehte sich um und verließ die Wohnung still. Dennoch ein einziger Aufschrei. Erschrocken stand sie aus dem Sessel auf, wartete auf ihn, wollte ihm erklären, dass ...
Er kehrte zurück, schaute sie an und schwieg, er schwieg einfach, sagte kein einziges Wort, gab ihr keine Möglichkeit zu erklären. Sieben Tage schwieg er, aus den sieben Tagen wurden sieben Wochen, sieben Monate, in denen er schwieg, immerfort schwieg. Noch schlimmer war, dass er sich niemals mehr in seinen Sessel setzte. Dieser stand leer alle diese Monate, nutzlos, ein Vorwurf.
Als sieben Monate vergangen waren, stand sie auf, nahm den Sessel an seiner Lehne, zerrte ihn durch ihre Wohnung, öffnete die Korridortür, schleppte ihn durch den Hausflur, öffnete die Haustür, und – aufatmend – stellte sie ihm den Sessel vor die Tür.

Bis zum Ende

Sie hatten ihn gehasst, diesen Hund, den sie immer bei sich hatte, der alles durfte, der ihr wichtiger zu sein schien als die Menschen. Nie sah man sie ohne ihn, wirklich nie. Überall hin durfte er mit. Wo **er** nicht willkommen war, ging **sie** nicht hin, so einfach war das. Für ihn fuhr sie einsame Straßen, Umwege, nur damit er neben dem Auto herlaufen konnte. „Das mag er“, war die Erklärung, „das mag er.“

Und er mochte vieles: das beste Stück Fleisch, Sahne, die frisch gebackenen Weihnachtsplätzchen. Die mochte er besonders, was ihre Tochter immer in heiligen Zorn versetzte, hatte sie sie doch gebacken! Autofahren, auf ihrem Schoß sitzen, die anderen Hunde wegkläffen, nach dem Finger desjenigen schnappen, der ihr zu nahe kam, spazieren gehen, sich im Garten im Kot wälzen, Avocados vom Baum holen, all das mochte er. Am liebsten aber mochte er das allabendliche Ritual. Nach dem Essen machte er sich auf ihrem Schoß breit – die anderen, Menschen und Hunde, schauten mehr oder weniger empört weg – legte seinen Kopf in ihre Halskuhle, ließ sich hätscheln wie ein Kind und begann zu singen, nur für sie. Damit vertrieb er die Menschen aus der Küche, denn sie ertrugen diesen allabendlichen Gesang nicht. Mit ihr allein, begann er ihre Augenlider zu küssen, ganz zart, zeigte ihr damit, dass er nun ins Bett wolle. In ihr Bett natürlich. Dort schlief er jede Nacht, nur er durfte das, sonst niemand. Wie ein Heiligtum verteidigte er ihr Bett. Wer sich ihm nur zu nähern wagte, wurde angeknurrt, sah gebleckte Zähne und musste sich nicht wundern, wenn er nach einem schnappte. Lächelnd schaute sie ihm zu, amüsierte sich, wusste wohl, dass das alles ein wenig lächerlich war. Dann war es das eben! Wenn sie zuhause war, schlief er in ihrem Bett, neben ihrem lag sein Kopf auf dem Kopfkissen, das Laken deckte sie beide.

Sie brauchten das, beide. „My toy dog“, nannte sie ihn und machte nicht den geringsten Versuch, ihn zu erziehen. Sie hatte sich dazu entschieden, ihn zu verwöhnen, ihn, der so ganz anders war als ihr geliebter Neufundländer, der nach zwölf Jahren verstorben war. Alle Hundeaugen dieser Welt erinnerten sie an ihren Uriel, nur diese nicht, diese waren ganz anders. Deshalb hatte sie ihn gekauft. Da konnten alle schimpfen, wie sie wollten, da ließ sie sich nicht reinreden.

Als es ihr nun schlecht ging und ihr Ende nahte, ließ man sie nicht mehr allein, tags und nachts war jemand bei ihr, schlief neben ihr im Bett, behütete sie. Mit Gewalt hatte man ihn aus ihrem Bett verbannt, niemand wollte mit diesem Hund neben sich schlafen, wirklich niemand.

Er setzte sich neben ihr Bett, sah sie traurig an mit seinen Augen, die nur seine „ganz eigenen" waren, jaulte, weinte, legte sich auf die Erde und wandte den Blick nie von ihr. Nur kurz verließ er seine Wache, erleichterte sich draußen und kehrte unverzüglich zurück. Nicht einmal zum Essen ging er in die Küche, sie konnten ihn rufen und locken, er kam nicht, er blieb bei ihr.

Tage ging das so, schlimmer waren die Nächte, in denen er, auf dem Marmorboden liegend – das Kissen, das sie ihm dorthin gelegt hatten, verschmähte er – leise vor sich hin winselte und immer wieder versuchte, in ihr Bett zu kommen. Sie unterstützte ihn dabei, freute sich diebisch, wenn es ihm wieder einmal gelungen war, seinen Platz neben ihr zu erobern, ließ es aber auch zu, dass ihre Tochter oder ihre Enkelin ihn schimpfend von der gemeinsamen Lagerstatt entfernten.

Irgendwann einmal kam die Nacht, in der sie sich beugten, nicht mehr gegen dieses stille Einverständnis ankämpften. Die Enkelin war es, die eines Nachts, nachdem es ihm wieder gelungen war, auf dem Kopfkissen neben der Kranken zu liegen, ihr eigenes Kissen nahm, es kurzentschlossen zum Fußende des Bettes warf und dort ihren Kopf niederlegte. Dabei blieb es, bis zum Ende. Mit leisem Triumph in der Stimme hat sie am Telefon davon erzählt, und mit

leisem Triumph strich sie ihm, auch als sie immer schwächer wurde, liebevoll über die Nase.
Er blieb bei ihr, bis zu ihrem Ende blieb er bei ihr, teilte Kopfkissen und Bett mit ihr.
Niemals mehr hat er versucht, auf dieses Bett zu springen, nachdem man sie davongetragen hatte.

Ein Leben lang?

Ein langer Gang, rechts und links Türen, die in die identisch gleichen Zimmer führen, durchwebt von dem Geruch nach Putz- und Desinfektionsmitteln, zu denen sich die Erbsensuppe gesellt. Dort sitzen sie, hinten, am Ende des Ganges, an dem Tisch mit der pflegeleichten Kunststoffplatte, der vor dem Balkon steht. Spärliche Sonnenstrahlen fallen auf die drei, die dort sitzen, zwei Frauen, ein Mann.

Die Kleine, Zierliche spricht, ununterbrochen spricht sie, kann ihre Herkunft aus Ostpreußen nicht verleugnen. Hart klingt ihre Stimme, metallisch, laut, wie sie es wird, wenn man nichts mehr hört. Von Sich-Schicken spricht sie, von Alter und Abhängigkeit, nicht aufsässig, zornig, sondern ergeben, ergeben in das, was man ihr zumutet: den langen Gang, an dem rechts und links Türen liegen, den Geruch, die andere Frau, den Mann, die Unausweichlichkeit, über all das spricht sie, immer wieder.

Neben ihr sitzt die andere, die so viel schweigt, wie die Kleine spricht. Sie starrt blicklos vor sich hin in ihren Schoß, faltet mitunter die Hände, als ob sie beten wollte, nickt leicht mit dem Kopf und lässt ihn dann wieder sinken. Nie schaut sie die Kleine an, die auf sie einredet, nie, aber dennoch scheint diese sich verstanden zu fühlen von ihr, die nichts mehr versteht.

Ihn dagegen, den Mann, der als letzter hinzugekommen ist, ihn spricht sie nie an, sondern immer nur an ihm vorbei, während er zu der Mittleren spricht: vom Warten, vom Essen, dem ewig Gleichen, den Stunden, die so schwer vergehen, hier, wo man nichts anderes tun kann als warten, warten ... auf das Ende? Auch ihn blickt die Mittlere nie an, sondern starrt blicklos in ihren Schoß und schweigt. Auch er scheint sich verstanden zu fühlen von ihr, die nichts mehr versteht. Dann tritt sie hinzu, die Junge, die Mittsechzigerin, die von außen kommt und den Geruch des Lebens mit sich bringt, die Bewegung, die Abwechslung. Selbst die Mittlere schaut auf und lächelt sie, zahnlos, an, erkennt und weiß, dass das ihr Besuch sei. Lauter und lebhafter wird nun das Gespräch, das keines ist, denn auch die beiden anderen nehmen sie in Beschlag, ergreifen Besitz von dem Leben, das sich zu ihnen an den Tisch gesetzt hat, buhlen um Anerkennung. Die Zierliche beginnt, erzählt, wird ganz lebhaft, unterstreicht das Gesagte mit kräftigen Armbewegungen, packt die Hinzugekommene am Arm, vergewissert sich, dass diese auch wirklich neben ihr sitzt, während die Mittlere ihr einen wütenden Blick zuschießt und laut mit ihrem Mund zischt, um sich dann beleidigt von den beiden abzuwenden. Erst als der Besuch ihr über die Hand streicht und ihre

verkrampften Finger löst, wendet sie sich diesem wieder zu und lächelt, denn sie hat verstanden.
In der Zwischenzeit hat auch der Mann begonnen zu erzählen, vom ewigen Warten, vom baldigen Essen, den langen Stunden, übertönt dabei die Zierliche, denn nun will auch er endlich gehört werden. Als die Besucherin ihm freundlich zunickt, lässt die Zierliche abrupt deren Arm los. Die Mittlere wendet sich wieder weg, der Wand zu, und zeigt durch ihre hoch gezogenen Schultern, dass sie unzufrieden mit ihr ist.
Hin und her wogt das Gespräch, hin und her wogen die Emotionen und hin und her gerissen ist der Gast, wandert auf gefährlichem Grat zwischen den Sympathien und Ablehnungen der drei, die nie miteinander, sondern immer nur für sich sind, an einem Tisch sitzen, tage-, wochen-, monatelang. Dabei buhlen sie um die Gunst eines jeden, der kommt.

„Wo habe ich das erlebt, wo nur?“, fragt sich die Besucherin, als sie das Heim verlässt. Genau das! Das Buhlen, das Aufmerken, das Beleidigt-Sein?
Ja, da ist es: ein Gang angefüllt mit buntem Spielzeug, von dem rechts vier Türen abgehen in große lichte Räume, ein Gang, erfüllt von Kinderlachen und -geschrei. Zuneigung und Freude. Und dort, im ersten Zimmer, haben sie um den runden, niedrigen Tisch

auf ihren kleinen Stühlchen gesessen, die drei, zwei Mädchen, ein Junge ...

Niedlich hatte sie das alles bei ihnen gefunden: die Konkurrenz, das Buhlen und den Konflikt – menschlich? Ein Leben lang?

Waaas?

Heute war kein Tag zum Aufstehen! Obwohl – durch einen kleinen Spalt der dicht vorgezogenen Vorhänge fiel ein Sonnenstrahl, eine Mahnung eigentlich, die Bettdecke von sich zu werfen, die Beine langsam zu strecken und dann auf den Boden zu setzen. Der Tag konnte beginnen!

Heute nicht! Am liebsten hätte Käthe sich unter der Bettdecke verkrochen und die nächsten drei Tage verschlafen. Sie gar nicht wahrnehmen, nicht realisieren, dass Weihnachten war. Das erste Weihnachten nach der Pandemie.

Sie war so glücklich gewesen, dass nun endlich wieder eine größere Feier stattfinden konnte. Ach Quatsch, Feier, die brauchte man nicht. Aber man durfte wieder beieinander sein, das war wichtig. Alles wir früher, als noch niemand etwas von dem Wort mit C gehört hatte!

Miteinander Kartoffelsalat mit Würstchen essen, reden, lachen, sich gemeinsam fühlen, das war es, was sie sich gewünscht hatte. Und nun war alles so anders gekommen!

Käthe verkroch sich erneut unter der Bettdecke, die sie heute aber überhaupt nicht wärmte, sondern Kälte ausstrahlte, Kälte, die von innen kam. Nein, sie würde versuchen, nicht daran zu denken, dass

Weihnachten war, den Heiligen Abend heute einfach ignorieren.
Der Tannenbaum – Douglas Tanne –, den sie bereits vor Wochen gekauft hatte, sollte ruhig auf der Terrasse verkommen. Mit Missachtung würde sie ihn strafen, dachte sie in einem Anflug von Wut, die aber sogleich wieder in tiefe Trauer umschlug. Gekauft hatte sie ihn, ja, sich gefreut, dass … Aber man soll sich halt nicht zu früh freuen.
Frustriert schob Käthe die Bettdecke zur Seite. Sie würde nicht wieder einschlafen, das wusste sie, also konnte sie auch ruhig aufstehen und dem Tag wie an jedem neuen Morgen gelassen ins Gesicht schauen.
Gelassen! Niemals! Das ging heute wirklich nicht. Schwerfällig schob sie ihre Beine aus dem Bett. Alt, dachte sie, als sie die dicken Adern betrachtete. Dabei hatte sie doch früher … Müde schob sie die Gedanken an damals beiseite und begab sich langsam und mühsam auf den Weg ins Bad, der ihr an diesem Morgen unendlich lang vorkam. Im Spiegel betrachtete sie prüfend ihr Gesicht: grau, zu wenig Sonne in der letzten Zeit, Mundwinkel nach unten gezogen, griesgrämig sah das aus und Falten! Falten über Falten, die ihr vorher gar nicht aufgefallen waren.
Hastig nahm sie ihren Waschlappen, fuhr sich flüchtig durch das Gesicht. Das musste heute reichen, ihr Weihnachtsbad hatte sie schließlich gestern Abend

bereits genommen, dachte sie fast ketzerisch, als ob sie sich im Grunde doch für ihre Katzenwäsche schämte.
Während sie sich das Frühstück zubereitete, was viel länger dauerte als sonst, ließ sie ihren Gedanken freien Lauf. Wie schön war das doch ehemals gewesen, am Morgen des Heiligen Abends in der Küche zu stehen und das Müsli für ihren Mann und Christof zu richten und sich auf abends zu freuen. Wie würden Christofs Augen leuchten, wenn er den neuen Konstruktionsbaukasten von Fischertechnik sehen und sofort damit zu bauen beginnen würde? Gerhard, ihr Mann und sie würden im Wohnzimmer sitzen, ihn beobachten, vielleicht ein wenig Wein trinken, nachdem alle den Kartoffelsalat und die Würstchen verspeist hatten, und einander zulächeln. Würstchen mit Kartoffelsalat, das musste sein am Heiligen Abend, das war bereits in ihrer Kindheit schon so gewesen.
Gerhard – sie seufzte. So lange war er nun bereits nicht mehr bei ihr. Christofs Abitur hatte er gerade noch mitbekommen, dann war die Krankheit unerbittlich geworden und hatte ihn innerhalb weniger Wochen dahingerafft. Christof war ihre Stütze geworden, Christof, der einzige Sohn, der ihr kaum Kummer bereitet hatte. Da hatte sie wirklich riesiges Glück gehabt.

Käthe lächelte ein wenig, als sie an die Zeit dachte, als Christof studiert und Martha dabei kennengelernt hatte. Martha, die junge Polin, die nach Berlin gekommen war, um dort ihr Studium abzuschließen und stattdessen den Mann ihres Lebens gefunden hatte. Zumindest sah es so aus, als sei Christof das, denn mittlerweile hatten sie drei Kinder, neun, sieben und fünf Jahre alt.

Käthes Enkelkinder, die sie so innig liebte und auf die sie sich so gefreut hatte. Ein wunderschönes Weihnachten hatte sie ihnen machen wollen. So, wie sie es früher für Gerhard und Christof gemacht hatte, so und noch viel schöner! Dafür hatte sie ja auch den Tannenbaum bereits so früh gekauft, denn später waren die alle so oll.

In ihre Freude hatte das Telefon geklingelt und alles zunichte gemacht. Wirklich alles. Dass Jan, der Siebenjährige, sich beim Eishockey ein Bein kompliziert gebrochen hatte, operiert werden und danach für eine unbestimmte Zeit im Krankenhaus bleiben musste, war Schreck genug für sie. Aber dann war alles noch viel schlimmer gekommen.

„Mutter“, hatte Christof gesagt, „es tut mir leid. Aber wir können in diesem Jahr Weihnachten nicht kommen. Jan liegt im Krankenhaus, und da müssen wir hin. Er soll Weihnachten nicht allein sein. Das musst du verstehen.“

Ja, sie hatte verstanden. Natürlich mussten sie zu Jan, die ganze Familie, das sah sie ein. Er musste sein Weihnachten haben, das war wichtig. Er war doch noch so klein ... und sie so groß! Erwachsen, verständig.
„Klar, Christof", hatte sie am Telefon gesagt, „das verstehe ich. Ihr müsst ins Krankenhaus." Bei den letzten Worten waren ihr aber bereits die Tränen in die Augen gestiegen, weil sie in diesem Moment verstanden hatte, was das für sie bedeutete: kein Besuch, keine Enkelkinder am Heiligen Abend, kein Christof und keine Martha! Sie allein mit ihrer Tanne, dem Kartoffelsalat und den Würstchen.
Während sie mit erstickter Stimme Grüße an Jan auftrug und dem Sohn Verständnis signalisierte, viel Verständnis, hatte sie bereits beschlossen: Weihnachten fällt aus. In diesem Jahr fällt Weihnachten aus, das erste Jahr nach der Pandemie, auf das sie sich seit Wochen gefreut hatte.
Dass die Familie sie nicht in Dresden, wo Christof arbeitete, gebrauchen konnte, war ihr klar gewesen. Außerdem durften auch sicherlich nicht so viele Personen ins Krankenhaus, die Familie waren ja bereits vier.
Also fiel Weihnachten in diesem Jahr aus. Darauf glaubte Käthe sich gut vorbereitet zu haben, spürte aber, als der Heilige Abend angebrochen war, dass ihr

Verständnis nicht ihre Trauer verhindern konnte, die tiefe Trauer, gerade an diesem Tag allein zu sein.
Quatsch, betäubte sie ihren Schmerz, *das ist ein Tag wie jeder andere*, aber das funktionierte nicht, der Schmerz über das verpasste Weihnachten wühlte in ihr, auch wenn sie tapfer hatte sein wollen. Es klappte nicht, erst recht nicht, als sie beobachtete, wie in den Nachbarhäusern allmählich die Kerzen angezündet wurden und sich die Feiernden zu versammeln schienen.
In ihren immer größer werdenden Kummer schrillte es laut. Käthe schreckte auf. Was war das? Sie wollte von ihrem Sessel aufstehen und zum Telefon gehen, als sie aus dem Augenwinkel bemerkte, dass ihr Handy blinkte.
Handy? Dort rief doch sonst niemand an. War nur für Notfall gedacht. N o t f a l l! Heiß durchfuhr es sie. Mit zitternden Händen drückte sie das Empfangszeichen.
„Hallo, Mutter", hörte sie Christofs Stimme. Falsch, sie hörte nicht nur die Stimme, sondern sah ihren Sohn auch. Käppi auf dem Kopf, das er so liebte und sie so blöd fand, winkte er ihr zu. Videoanruf! „Hallo, Mutter, ich bin's."
Als ob sie das nicht sähe!
„Wir wollen dir ..."
Was kam ihr nur so bekannt vor, schoss es ihr durch den Kopf, als sie mit noch immer zitternden Fingern

den Lautsprecher einstellte, um alles besser hören zu können. Irgendwas erinnerte sie ...

„Mutter, geh doch mal zur Haustür."

„Warum das denn?", wollte sie wissen. Sie hatte keine Lust darauf, durch die geöffnete Haustüre die Festtagsstimmung rund um sich herum wahrzunehmen, wo doch in ihrem Wohnzimmer die Vorhänge fest geschlossen waren und in ihr und um sie herum Dunkelheit herrschte.

„Tu es einfach", hörte sie wieder die Stimme ihres Sohnes, der sie anlachte. Merkwürdig gespannt sah er aus! Ob die Nachbarn vielleicht ein Paket von ihm ...?

„Beweg dich, Mamuschka, los!"

Waaas? Mamuschka? Das brachte sie in Bewegung. Schlurfend ging sie in ihren Filzpantoffeln zur Haustür, ergriff zögernd die Klinke, drückte sie nieder und öffnete ...

„Frohe Weihnachten!", schallte es ihr entgegen. „Frohe Weihnachten, Oma", „Mutter."

„Heute, Oma, wird's was geben, heute, Oma, wirst dich freuen", hörte sie in unterschiedlichen Tonlagen singen, frisch und klar, brummend, etwas schief.

Sie traute ihren Augen nicht. Vor ihr standen Christof, große Tragetüten neben sich auf der Erde, Martha mit einer riesigen Schüssel, die kleine Kathrin, nach ihr genannt, der neunjährige Jakob und – ja, tatsächlich, auf Krücken gestützt, Jan mit einem Gipsbein. Hinter ihnen ragte der Kirschbaum aus ihrem Vorgarten in den Himmel, der ihr eben so bekannt vorgekommen war.

„Ihr?“, staunte sie und konnte gar nicht reagieren. Nur schauen konnte sie, staunen und eigentlich nicht verstehen. „Ihr?“ Schon stiegen ihr die Tränen in die Augen und eine erste rollte ihre Wange herab.

„Wir wollen Weihnachten feiern, nicht heulen“, rief Jakob mit der lauten Stimme eines Neunjährigen, der gewohnt war, seine Klassenkameraden zu übertönen.

„Warum machst du eigentlich die Tür nicht auf, wir wollen feiern!“, fragte Christof mit bewusst polternder Stimme.

Martha meint nur: „Ich will die Schüssel loswerden!“

„Omi, lass uns rein“, fügte die kleine Kathrin hinzu.

Jan schimpfte: „Mensch, ich kann nicht so lang stehen.“

Da erwachte sie aus ihrer Starre, breitete die Arme weit aus und ließ die fünf ein: Christof, Martha, Jakob, Jan und Kathrin.

Jan war am Vormittag aus der Klinik entlassen worden, so dass sich Christof mit seiner Familie wirklich von Dresden nach Berlin aufmachen konnte, wie er es insgeheim ursprünglich geplant hatte. Ganz aufgeregt waren die Kinder gewesen, weil sie die Oma überraschen wollten. Martha hatte den traditionellen Kartoffelsalat nach dem Rezept von Käthes Mutter zubereitet, und Würstchen hatten sie auch mitgebracht.

So kam die Douglas Tanne auf der Terrasse doch noch zu weihnachtlichen Ehren, wurde von allen gemeinsam geschmückt, so dass sie am Ende eher einem Baum zu Karneval als einem Weihnachtsbaum glich. Aber das störte niemanden, als sie Kartoffelsalat und Würstchen schmausten. Später packten sie die Geschenke aus, die der Vater wohlweislich mitgenommen hatte. Denn zu Weihnachten gehören nun einmal Geschenke.

Erst am ersten Weihnachtsmorgen bemerkte Käthe, dass der Akku ihres Handys völlig leer war, hatte sie doch gestern Abend in ihrer Überraschung ganz und gar vergessen, ihr Telefon auszustellen.

Lieferung vor Weihnachten

„Schiete“, murmelt sie vor sich hin, als sie aus dem Fenster schaut. „Schon wieder Regen!“

Typisches Novemberwetter. Was kann sie da schon erwarten? Ist doch immer so gewesen, also! Gestern hat sie sich vorgenommen, heute kauft sie ihn. Warum sollte sich dieser Plan geändert haben? Wegen dem bisschen Regen? Man hat ja schließlich einen Regenschirm und einen Mantel, der schützt, keine Ausreden also!

Im Übrigen mag sie ihren Plan gar nicht aufgeben. Seit Tagen schon freut sie sich darauf, endlich „Butter bei die Fische“ zu machen, wie sie es nennt. Weihnachten ist ja auch gar nicht mehr so ferne. Sieben Wochen, das ist nicht die Welt.

Heute also wird sie ihn erstehen, ihn, den tollen, schweineteuren Pullover. Vor zwei Wochen hat sie ihn im Kaufhaus liegen sehen. Nicht einfach liegen sehen, verbessert sie sich in Gedanken, präsentiert ist er worden. Allein, auf einem Stehtisch, mit eigenem Spot. Der hat die wundervollen Blautöne hervorgehoben. Changierend gehen sie ineinander über, von Dunkelblau über Türkis ins Hellere. Er ist ihr ins Auge gefallen, als sie vorüberhasten wollte, um schnell in die Haushaltsabteilung zu gelangen. Sie hat ein neues

Schälmesser gebraucht, das alte ist zu stumpf geworden, sie muss …

Abrupt ist sie stehen geblieben. Das wunderbare Farbspiel ist ihr ins Auge gefallen und hat sie gebremst. Genau das sind die Farben. Genau die. Die würde Hella lieben. Wie gemacht sind die für ihre Tochter. Nie würde die sich so was Teures leisten. Kaschmir? Nie! Dabei ist der Pullover wie eigens für sie, sie allein. Und dann noch so weich, so kuschelig, so warm. Hella würde nie mehr frieren, wenn sie ihn anhat. Dabei friert sie so leicht.

Eine Weile hat sie überlegen müssen, ob sie ihn kauft. Ist schon sehr teuer, Luxus pur. Dafür haben sie bisher in der Familie nie Geld ausgegeben, Polyacryl wärmt auch. Aber …, aber ist ihr dann gottlob eingefallen, bald ist Weihnachten. Das ist es! Das ist ein Weihnachtsgeschenk, eines, wie sie noch nie eines für die Tochter gehabt hat. Dafür ist sie immer zu sparsam gewesen. Sparsam, nicht geizig.

Hochgemut eilt die alte Dame in das Warenhaus, stellt sich auf die Rolltreppe, summt „Schneeflöckchen, Weißröckchen …“ vor sich hin und schaut ungeduldig der Damenmodenabteilung im zweiten Stock entgegen. Dort hinten, gleich hinter alle den üblichen Anziehsachenmuss er liegen, ihr Weihnachtsgeschenk. Aufgeregt biegt sie um die Ecke des Tisches mit den vielen Schurwolle-Strickjacken und …

Doch was ist das? Kein Stehtisch, kein Spot, kein Pullover. Nichts ist da, nur ein leeres Stück Kaufhaus. Leer – anderes kann sie in diesem Augenblick nicht denken.
Klar, kommt ihr dann in den Sinn, die räumen um. Eilends blickt sie sich um und stürzt auf die Verkäuferin los, die gerade dabei ist, einen Pullover-Stapel zu richten.
„Darf ich Sie mal etwas fragen?"
„Klar, dafür bin ich doch da."
„Sie hatten da ..., vor zwei Wochen, da stand da so ein hoher Tisch."
„Hmmm."
„Der Pullover da drauf. Den hätte ich gerne, Größe 40. Blautöne hatte der."
„Hmmm."
„Wissen Sie, was ich meine? Aus Kaschmir war der. Größe 40 brauche ich."
„Der ist ausverkauft, gnädige Frau."
„Ausverkauft? ... Aber ..., aber der war doch für Hella."
Bedauernd blickt die Verkäuferin sie an. „Tut mir leid, der war sehr begehrt. Jetzt, so kurz vor Weihnachten. Den kann ich auch nicht mehr bestellen."
„Ja, was mache ich denn nun? Der war nämlich für Hella, meine Tochter. Ein Weihnachtsgeschenk. Der hätte ihr so gut gestanden ..." Ihre letzten Worte sind

kaum noch zu verstehen. Hellas Weihnachtsgeschenk, gibt es nicht mehr, jetzt hab ich nix, war doch für Hella, was mach ich nur? Im Kreis drehen sich ihre Gedanken. Tränen treten ihr in die Augen.

Mitleidig blickt die Verkäuferin die alte Dame an. „Wissen Sie was?“, meint sie. „Gehen Sie doch ins Internet bei unserer Kette, geben Pullover und Farbe und Größe ein. Da findet man ganz oft etwas, was es in den Geschäften nicht mehr gibt.“

Internet! Ja, da lohnt sich doch der Kurs, den sie letztens beim Bildungswerk gemacht hat: Internet für Ältere. „Danke“, schreit sie fast und eilt von dannen, nach Hause, zum Internet.

Es dauert, bis es ihr gelingt, aber sie hat sich ja bei dem Kurs gottlob alle Schritte aufgeschrieben, so dass sie sich nun bis zu der richtigen Internetseite durchkämpfen kann. Aufgeregt geht sie alle Pullover durch, viele, sehr viele, bis ihr endlich auffällt, dass sie ja bisher vergessen hat, “Kaschmir“ als Auswahlkriterium anzugeben. Gedacht, getan – da ist er, ihr Weihnachtsgeschenk für Hella. “Lieferung bis Weihnachten“ steht da.

„Wie gut!“, frohlockt sie lautstark vor sich hin, so stolz ist sie auf sich und ihre Internetfähigkeiten. Ist schließlich das erste Mal, dass sie etwas im Netz bestellt.

Nach getaner Arbeit – Arbeit ist es ja gewesen, harte Arbeit – brüht sie sich einen Kaffee auf und genießt das letzte Stück des Apfelkuchens, den sie sich vorgestern aus der Bäckerei mitgebracht hat, „für alle Fälle“, wie sie gesagt hat. Heute ist so ein Fall!

Nun bleibt ihr nichts mehr zu tun, als den Paketboten abzuwarten. “Lieferung vor Weihnachten“, das gibt Sicherheit.

Der November zieht mit heftigem Regen ins Land, der Dezember beginnt mit schönen Sonnentagen, nach einer Woche aber wird es eisig kalt und glatt. Je mehr Tage vergehen, umso weniger siegessicher ist sie. Das Paket müsste doch lange da sein ... Den Pullover will sie doch noch schön einpacken. Zu Kaschmir gehört edles Weihnachtspapier, das versteht sich von selbst. Vor Wochen schon ist sie in dem teuren Schreibwarengeschäft in der Innenstadt gewesen, das immer so ganz besonderes Papier hat, nicht so Bögen, wie es sie nun auch zum Sonderpreis bei Aldi gibt, mit Kerzen, Glöckchen und Tannenzweigen. Nein, für den Pullover, findet sie, muss es schon etwas Besonderes sein. Lange hat sie dort gesucht, sich gar nicht entscheiden können und am Ende zwei Bögen Seidenpapier erstanden, auf denen ein ganz filigranes Muster ist, außergewöhnlich, wunderschön und eindrucksvoll. Teuer, aber vornehm, sehr vornehm. Passt zu dem Pullover.

Nur der kommt nicht. Jeden Mittag, an dem sie den Postboten unterwegs weiß, steht sie an ihrem Fenster, ein wenig versteckt von der Gardine. Muss ja nicht jeder sehen, dass sie wartet. Jeden Mittag wartet sie vergeblich. An allen anderen Türen, so scheint ihr, klingelt der Paketbote, schwer beladen ist er, wenn er kommt, nur bei ihr bleibt es still, ertönt kein Dideldudada.
Lieferung vor Weihnachten, denkt sie immer wieder, das hat doch da gestanden, ganz sicher hat das da gestanden.

In der letzten Woche vor Weihnachten hält sie es nicht mehr länger aus. Sie muss etwas tun, sie hat ja nichts für Hella zu Weihnachten, wenn der Pullover nicht pünktlich ist. Also beschließt sie, der Tochter wenigstens eine Abbildung zu schenken. Damit die eine Vorstellung hat ...
Im Internet findet sie auch schnell die Seite der Kaufhauskette, bei der sie bestellt hat, damals. Vor langer Zeit, ehemals, so kommt es ihr vor. Angestrengt blättert sie die Seiten durch, will sich noch einmal davon überzeugen, dass der Pullover vor Weihnachten geliefert wird, zugleich aber auch eine Abbildung ausdrucken, die sie Hella zur Not zeigen kann, wenn ... Weiter wagt sie gar nicht zu denken.

Aber ..., nichts findet sie. Weder den Pullover noch die Zusicherung des Kaufhauses, nichts, alles nur anderer Kram. Bang klickt sie einen Link nach dem anderen an, wird immer entsetzter und beginnt schließlich zu schluchzen.
Nichts mehr da, sie hat nichts, gar nichts. Noch schnell eine Kleinigkeit zu erstehen, damit sie am Heiligen Abend etwas in der Hand hat, fällt ihr nicht ein, so sehr ist sie auf den Traum in Blau fixiert. Er ist das einzige, das zu Hella passt. Etwas anders will sie auch nicht!!!

Am 24. Dezember steht sie mittags wieder am Fenster. Heute muss er kommen, das haben die versprochen, also muss man den Boten mit Blicken zwingen, bei ihr ein Paket abzugeben. Aber er kommt gar nicht. Stunden steht sie an dem Fenster – „er hat heute sicher viel zu tun“ –, starrt die Straße entlang, wagt nicht, sich fort zu bewegen. Alles vergeblich. Er kommt nicht. „Lieferung ...“ Gar nicht zu Ende denken!
Gegen 17 Uhr kommt Hella, bepackt mit kleinen, hübsch verpackten Schächtelchen, die sie auf den Biedermeier-Tisch legt, auf dem immer die Gaben an Weihnachten liegen. Heute liegt nichts für sie da.
Die Mutter, die ihr ungewöhnlich gezwungen und aufgescheucht vorkommt, beschließt, am heutigen

Abend ganz gegen jede Gewohnheit, erst zu essen und dann zu bescheren. So geschieht es dann auch.
Sie essen langsam, so dass sie um 19 Uhr gerade erst beim Dessert angekommen sind.
Es klingelt. Dideldudada.
Wer …? Es ist schließlich Heilig Abend.
Es klingelt erneut. Dideldudada.
„Mutter, es hat geklingelt."
Mühsam erhebt sie sich und geht langsam zur Tür. Wer soll das wohl sein? Zögernd öffnet sie.
„Frohe Weihnachten", schallt es ihr entgegen. „Ich hab hier ein Paket für Sie!"
„Jetzt?"
„Jetzt!!!"
„Sie arbeiten noch?"
Fast etwas gelangweilt kommt die Antwort: „Ja, Heilig Abend wird es meist 22 Uhr."
„Oooh …, warten Sie!" Schnell eilt sie in die Küche und kehrt mit einer gefüllten Schüssel zurück. „Da, Heringssalat. Selbst gemacht, gibt's Weihnachten immer. Damit Sie auch was zum Heiligen Abend haben."
Lachend nimmt der Paketbote mit einer Hand die Schüssel in Empfang, drückt mit der anderen der alten Dame ein Paket mit dem Absender des Kaufhauses in die Hand.
„Danke", stammelt diese, „danke!"

„Alles klar“, ruft der Bote im Weggehen, die Schüssel in der Hand, „wir arbeiten, bis alles ausgeliefert ist. Ich muss weiter …“, hört sie, als er sich bereits in sein Postauto schwingt.
„Lieferung bis Weihnachten“, murmelt sie vor sich hin. „Hella …“, ertönt es dann, fast triumphierend.

Nur eine Mauer …

Dunkel ist es, wenn man aus dem Fenster schaut, regnerisch, mit Schnee vermischt, trostlos. Trostlos aber nicht nur wegen des Regens, den haben wir oft hier in Berlin, daran sind wir gewöhnt. Selbst wenn Weihnachten ist, sind wir daran gewöhnt, das macht einem nicht so viel aus. Weihnachten ist eben Weihnachten, da interessiert das Wetter nicht in Berlin. Ob das woanders nicht so ist, weiß ich nicht, ich kenne nur Weihnachten in Berlin. Seit fünfzig Jahren feiere ich Weihnachten in Berlin: Immer, seit ich ein kleines Mädchen gewesen bin, hat Ingurd dazu gehört, Ingurd, die auf der anderen Seite der Bernauer Straße wohnt.

Wir, Ingurd und ich, sind im gleichen Jahr geboren, 1900. Beide sind wir im Abstand von zwei Monaten 50 geworden, ich im März, Ingurd, „die Kleine", wie wir immer scherzhaft gesagt haben, im Mai. Ich kann mich gar nicht erinnern, dass sie nicht in meinem Leben gewesen wäre. Wir haben fast alles gemeinsam gemacht, Ingurd, deren Mutter Norwegerin gewesen ist, und ich, Helene, nach meiner Großmutter benannt, aber gottlob Lina gerufen, zwei kleine Berlinerinnen von fast 4 Millionen Einwohnern, die die Stadt damals bevölkert haben.

In der Volksschule stets in der gleichen Bank gesessen, mit 14 Jahren „ins Leben getreten“, wie man so schön sagt.
Sie als Verkäuferin in der Damenabteilung bei Wertheim, ich in einem der Büros bei Siemens. Geheiratet haben wir fast gleichzeitig, im Abstand von wenigen Jahren unsere Kinder bekommen, Ingurd drei, zwei Mädchen, einen Jungen, ich zwei, Zwillinge, Jungen, die natürlich mit Ingurds Sohn mancherlei Unfug gemacht haben. Wir sind einigermaßen gut durch die Weimarer Jahre gekommen, hatten auch beide das Glück, dass unsere Männer nicht allzu stark von der Weltwirtschaftskrise gebeutelt worden sind. Die 1000 Jahre, die dann gefolgt sind, haben wir hinter uns gebracht, irgendwie, immer darauf bedacht, die Familie zusammenzuhalten und durch die schrecklichen Zeiten zu kommen, ohne Parteibuch, aber auch, ohne Widerstand zu leisten, wofür ich mich später fast ein wenig geschämt habe. Was immer da war, war Ingurds und mein Zusammenhalt, mussten wir ja auch nur wenige Schritte gehen, um uns zu sehen. Immer über die Bernauer Straße, vom Wedding, wo ich gewohnt habe, zu Mitte, wo Ingurds Wohnung gewesen ist. Oder eben von Mitte zum Wedding, hin und zurück, zurück und hin. So würde es bis an unser Lebensende sein, haben wir immer gedacht. Bis an das Lebensende einer von uns würde das so gehen.

Nie geahnt, dass wir falsch gedacht haben könnten. Wie sollten wir auch?
Ich bin so erleichtert gewesen, als die 1000 Jahre nur 12 Jahre gedauert haben. Erleichterung pur, obwohl Berlin in Schutt und Asche gelegen ist. Unsere Familien haben überlebt, mit Blessuren zwar, aber alle haben noch gelebt. Nur das hat gezählt damals. Weiter haben wir nicht gedacht.
Nicht gedacht, dass der Weg von wenigen Schritten über die Straße auf einmal eine Grenzüberschreitung bedeuten sollte. Der Schritt von einem Staat in einen anderen, von der DDR zur BRD, von der BRD zur DDR. Einmal über die Bernauer Straße. Aber dennoch haben wir uns weiter sehen können, Ingurd und ich. Den Kontakt haben wir immer über die Staatsgrenze hinweg halten können. Viele Rituale sind uns trotz der Erschwernisse geblieben, gottlob!
So ist es für uns seit 1905 am Heiligen Abend immer selbstverständlich gewesen, dass wir einander kurz getroffen und umarmt haben, ehe jede zurück in ihre Wohnung gegangen ist, um dort Weihnachten mit der Familie zu feiern. Jedes Jahr haben wir das so gemacht: am Heiligen Abend zuerst treffen, mitten auf der Bernauer Straße, dann eine liebevolle Umarmung, ein Segenswunsch. Auch in den Jahren der Weltwirtschaftskrise, den furchtbaren 1000 und den entsetzlichen des Welt-krieges, in denen Berlin fast

immer unter Beschuss gelegen hat, haben wir diese Sitte beibehalten. Ohne war kein Weihnachten!
Schwieriger ist es geworden, als wir in zwei verschiedenen Staaten wohnten. Zwei deutschen zwar, aber diese so unterschiedlich, wie es bisher kaum vorstellbar gewesen ist. Dennoch haben wir uns, zwar unter den äußerst kritischen Blicken der Vopos, die uns misstrauisch belauert haben, am Heiligen Abend auf der Bernauer Straße getroffen, an der Grenze, die uns zwar körperlich getrennt, aber nicht seelisch voneinander gelöst hat.
Aber dann ... Ich mag heute, am 24. Dezember 1961 gar nicht denken, was geschehen wird. Ingurd und ich können nicht mehr zueinander kommen. Man hat unsere Freundschaft durchtrennt, gesprengt, gewaltsam beendet, zumindest die physische.
In der Nacht des 13. August bin ich von Gerumpel, Gerufe und dem Lärm vom Hin- und Herlaufen wach geworden. Ungewöhnliche Geräusche mitten in der Nacht, wo die Bernauer Straße eigentlich immer ruhig gewesen ist. Nach einigem Hin- und Herwälzen bin ich dann aufgestanden und zu dem Fenster meines Schlafzimmers gegangen, aus dem heraus ich immer über die Straße zu Ingurd habe schauen können. Was ich nun sah, hat mich erstarren lassen. Ich habe gesehen, wie eine Mauer entstanden ist, eine Mauer, die die Bernauerstraße zwischen Wedding und Mitte

abgesperrt hat, die in ungeheurer Geschwindigkeit gewachsen und in relativ kurzer Zeit über mannshoch gewesen ist. Wie lange ich dort nahezu regungslos an dem Fenster gestanden, rausgestarrt und es nicht habe glauben können, weiß ich nicht, aber es ist taghell gewesen, als mir endlich aufgegangen ist, dass nichts mehr so war, wie es gestern Abend gewesen ist, als ich zu Bett gegangen bin. „Ingurd", hab ich vor mich hin gemurmelt, immer nur „Ingurd". Dieser Name ist für mich Symbol gewesen für alle Veränderungen, die diese Mauer, dieses nächtliche Schandwerk bewirken würde. Mir ist klar gewesen: „Das war es. Ingurd ist mir verloren. DIE haben sie abgesperrt." Es ist wirklich so gekommen, wie ich es mir in dieser Nacht gedacht habe. DIE haben endgültig eine Grenze gezogen, unüberwindbar, lebensbedrohlich. Denn bald hat man lesen können, was mit denen geschehen ist, die versucht haben, die Mauer zu überwinden ...

Heute ist Weihnachten, der Heilige Abend, zum ersten Mal, seit die Mauer steht. Alles ist bei uns wie immer: Der Christbaum steht im Wohnzimmer, ist mit Kerzen, Kugeln und Lametta geschmückt, an seiner Spitze schwebt der Engel, den ich einst aus dem Erzgebirge mitgebracht habe. Er kündet: „Halleluja, Christ ist erstanden." Kündet er das wirklich? Für mich schreit er ganz laut: „Die Mauer, die Mauer, die Mauer!“

Alles, was mir lieb und teuer gewesen ist seit 55 Jahren, ist vorbei. Ich kann Ingurd nicht zu Weihnachten umarmen, weiß ja nicht einmal, ob sie überhaupt an mich und unseren Brauch denkt. Traurig bereite ich den Heringssalat zu, der zum Heiligen Abend gehört wie der Baum, die Lieder, die Geschenke. Die Kinder werden kommen, die Enkel. Für sie soll es wie immer sein, sie haben die Mauer nicht gebaut. Aber ...

Ich begrüße meinen Ältesten, der ja allein lebt, nicht mit der überschäumenden Freude, die er kennt, sondern nur äußerst verhalten. Es fällt mir einfach schwer, an diesem Abend Freude zu empfinden, also kann ich sie auch nicht zeigen.

„Mutter“, schaut er mich fragend an, „Mutter, was ist?“

„Nichts, muss in die Küche“, murmele ich und versuche, seinem forschenden Blick – so sind sie, die Psychologen! – auszuweichen.

Er stellt sich mir in den Weg. „Mutter!“, sagt er bloß. Aber sein Blick! Investigativ, insistierend – man kann diesem Blick nicht entgehen. Nicht einmal, indem man in die Küche zu fliehen versucht.

„Ingurd“, bricht es aus mir heraus. Ich sprudele mein ganzes Unglück, das ich empfinde, wirr und ungeordnet aus mir heraus. Verstanden hat er wohl, dass die

Mauer alles zerstört hat, was 55 Jahre lang für mich so selbstverständlich gewesen ist, dass Ingurd mir fehlt, dass ohne ihre Umarmung kein Weihnachten ist.

„Mutter", höre ich nun erneut, „Mutter, schau!" Er deutet durch die offene Schlafzimmertür über die Mauer, die ich schemenhaft wahrnehme – ich will sie einfach nicht wahrnehmen – auf das Haus gegenüber, das still und dunkel daliegt. Aber – sehe ich recht? Da ist ja ein Fenster nicht ganz dunkel wie die anderen alle, sondern es schimmert ein Licht, ein kleines Licht, so, als habe man dort eine Kerze hingestellt.

„Das ist doch …", stammle ich, „das ist doch …"

„Ja, dort wohnt Ingurd, Mutter. Schnell …"

Ich verstehe sofort, was er meint, eile in die Küche, schnappe mir die größte Kerze, die dort „für alle Fälle" liegt, greife nach dem Feuerzeug, das er mir reicht und haste die Treppe hinab. An der Haustür zittern mir die Hände, aber irgendwie schaffe ich es dank des Feuerzeuges – mit Streichhölzern hätte das sicher nicht geklappt – die Kerze zu entzünden und das brennende Licht auf die Mitte der Bernauer Straße zu tragen. Dort verharre ich eine Weile still, dann hebe ich die Kerze auf die Höhe meines Kopfes, damit der Lichtschein auch ganz sicher über die

Mauer reicht, und schwenke sie bedachtsam hin und her, hin und her.

Und dann sehe ich – ganz klar kann ich es sehen, – wie der Schein in dem Haus gegenüber sich langsam bewegt, hin und her, hin und her. Eine ganze Weile haben Ingurd und ich uns auf diese Weise gegrüßt. Sie am Fenster in ihrem Zimmer in dem Haus direkt hinter der Mauer, die die Deutsche Demokratische Republik festhalten soll, ich mitten auf der Bernauerstraße in der Bundesrepublik Deutschland, nur wenige Schritte voneinander entfernt und dennoch unerreichbar.

Nach einer langen Weile habe ich behutsam mein Licht ausgepustet, sehe, wie sie das gleiche tut und gehe in meine Wohnung zurück, wo mein Sohn mich an der Türe erwartet.

„Sie hat mich umarmt", sage ich, „sie hat mich mit ihrem Licht umarmt. Jetzt ist Weihnachten."

Der Abschied

Eigentlich hatte sie sich auf das Wiedersehen gefreut, eigentlich ... Aber dann war doch alles wie immer gewesen, wie immer in den letzten dreißig Jahren. Drei Wochen hatten sie sich nicht gesehen, weil er einen geschäftlichen Termin wahrgenommen und sie einige Museen besucht hatte. Und dann hatte sie sich auf ihn gefreut, war in seine Wohnung gefahren, hoch gestimmt ... und nun das!

Wie immer hatte er sie, als er die Tür öffnete, wortlos schnell und begehrlich an sich gerissen und ihr körperlich deutlich gemacht, wie sehr er sie entbehrt hatte. Dann hatte man gemeinsam zu Abend gegessen und Wein getrunken. Viel hatte er von sich erzählt, von den Geschäftspartnern, seinen Erfolgen, seinen Witzen, die er gemacht hatte und wie gut er angekommen war. Kein Ende konnte er finden bei diesen Geschichten. Wie immer hatte sie ihm zugehört, Bewunderung signalisiert und – sich einsam gefühlt. Keine Frage nach dem, was sie erlebt hatte, wie es ihr ergangen war, ob sie Schönes gesehen hätte. Vorsichtig versuchte sie seinen Gesprächsfluss, der durch den Wein nur noch mehr angeregt worden war, zu unterbrechen: „Stell dir vor ...“, aber er redete einfach über sie hinweg, schien nicht einmal zu bemerken, dass sie verletzt verstummt war.

Seit dreißig Jahren ging das so, immer hatte sie dieses Spiel mitgemacht, war auf ihn eingegangen, auch wenn sie immer zu kurz gekommen war. Er war nun einmal, wie er war, und schließlich liebte sie ihn, liebte ihn wirklich, tief und loyal. Und wenn man liebt, dann ertrug man alles, verzieh, gab sich hin und auf. Das hatte sie in der Schule und bei ihrer Mutter gelernt. Eine Frau, die liebt, erträgt alles. Dann war es doch auch schön, dass er sie nach dreißig Jahren immer noch so sehr begehrte, obwohl ..., eigentlich wollte sie das gar nicht mehr, fühlte sich missbraucht, denn ... Was sie bewegte, interessierte ihn nicht, danach fragte er nie, erzählte immer nur von sich.
Seit einigen Jahren töpferte sie, erst nur so, als Freizeitbeschäftigung, dann immer ernsthafter und leidenschaftlicher. Wenn sie den nassen Ton in der Hand knetete, vorsichtig über ihn strich, ihn formte, dann lebte sie, dann war sie ganz eins mit sich und ihrer Tätigkeit, die ihr immer wichtiger wurde und ihren Tag mit Sinn erfüllte. Zu beachtlichem Können hatte sie es gebracht, wunderschöne Dinge entstanden aus dem Ton, aus ihrem Herzen.
Er nahm dies gar nicht wahr, ignorierte es und wehrte ab, wenn sie ihm davon berichten wollte. Meist unterbrach er sie mit einem Kuss, zog sie an sich und dann ... vergaß sie für eine kurze Weile, dass sie verletzt war. Nur einmal, ein einziges Mal hatte er ihr

gesagt, dass sie „wunderschöne Sachen“ mache. Da hatte sie ihm sein Desinteresse wieder verziehen, wie immer in dreißig Jahren.

In ihre Gedanken hinein hörte sie plötzlich, dass er spottete, wie es seine Art war, spottete über ihr Töpfern. Sie fuhr auf, blitzte ihn an: „Schweig!“, entfuhr es ihr, gepresst und atemlos, weil sie nicht glauben konnte, was sie da hörte, „schweig!“

Aber dies schien ihn nur zu beflügeln, er „neckte“ (wie er zu sagen pflegte) sie nur umso mehr, gab jede Vorsicht auf, sagte, sie solle doch entspannen.

Langsam und wie benommen stand sie auf, griff ihre Tasche und ging, nun ganz sicher, durch das Zimmer. „Nein“, sagte sie, fest und entschlossen, zog ihren Mantel an und schaute nicht zurück.

Behutsam, aber fest zog sie die Tür zu seiner Wohnung hinter sich ins Schloss.

Über die Autorin

Renate Habets verbrachte ihre Kindheit, ebenso die Schul- und Studienzeit in Köln, wohnt aber seit über vierzig Jahren in Duisburg, wo sie als Deutsch- und Geschichtslehrerin, Fachleiterin für Deutsch und stellvertretende Schulleiterin lebte. Seit 2006 ist sie im (Un)ruhestand und genießt ein frei bestimmtes Leben ohne Stundenplan.

In ihrem Leben als Pensionärin fand sie zu Farbe und Stift, veröffentlichte acht Bücher und schrieb Texte für zahlreiche Anthologien des Edition Paashaas Verlag, für den sie mittlerweile auch lektoriert. Ein Leben ohne Farben und besonders ohne Worte, die fiktionale Welten erschaffen, kann sie sich nicht mehr vorstellen. Sie will es auch gar nicht.

Weitere Infos unter:
www.verlag-epv.de/g---h.html#HabetsRenate

Von ihr ebenfalls im EPV erschienen:

In der U7

Fundstücke

Geschichte in Strandgeflüster

Lieselotte

Kapitel in Verloren

Geschichte in Heiter bis stürmisch

Geschichte in Einfach Leben

Geschichte in Moderne Weihnachten

Nur ein Leben

Schnauze

Intrigenspiel - der 2. EPV-Roman

Machenschaften - der 1. EPV-Roman

Geschichte in Heiter bis verliebt

Geschichte in Vorfreude auf Weihnachten

Geschichte in Heiter bis feierlich

Geschichte in Heiter bis köstlich

Renate Habets
In der U7
Roman

Die U7 in Berlin – 2 junge Menschen begegnen sich zufällig.

Der flippige Cornelius mit seinen bunten Haaren verliebt sich Hals über Kopf in die elegante Annette, die gerade auf dem Weg zum Geigenunterricht ist.

Scheinbar treffen zwei Welten aufeinander, die doch mehr verbindet als anfangs gedacht. Es entwickelt sich eine spannende Liebesgeschichte, die von Vorurteilen geprägt und durch die persönlichen Umstände der jungen Leute erschwert wird. Wege trennen sich, um an anderer Stelle erneut gekreuzt zu werden. Hat so eine Liebe eine Chance in der Hauptstadt, die viel zu groß erscheint, um sich zu finden?

Paperback, Format 14 x 20 cm, 182 Seiten
ISBN: 978-3-96174-127-4
VK: 11,95 €
August 2023
Edition Paashaas Verlag, www.verlag-epv.de

Renate Habets
Fundstücke
24 Kurzgeschichten

Alles kann Fundstück sein, sei es rührend, lustig, böse.
Es muss nur gesehen werden, aufgenommen, betrachtet ...
Fundstück: bunt wie das Leben.

Genauso präsentieren sich diese 24 Kurzgeschichten, die einfach ans Herz gehen, auf ganz unterschiedliche Art und Weise.

Februar 2023
Paperback, Format 13,5 x 20 cm, 144 Seiten
ISBN: 978-3-96174-115-1
VK: 9,95 €
Edition Paashaas Verlag, www.verlag-epv.de

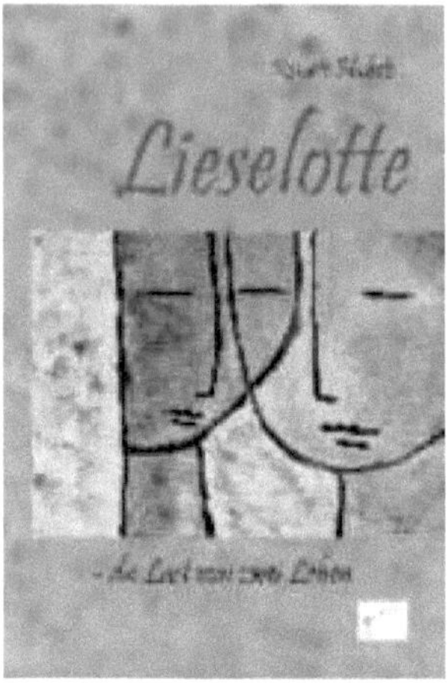

Renate Habets
Lieselotte – die Last von zwei Leben
erzählt die Geschichte einer Frau, deren ältere Zwillingsschwester tot geboren wird, das Leben der Überlebenden jedoch über Jahrzehnte bestimmt.
Wird es Lieselotte gelingen, zu sich selbst zu finden und ein selbstbestimmtes Leben zu führen? Auf der Suche nach ihrem Zuhause muss sie viele Hürden überwinden, nicht zuletzt auch die in sich selbst. Lieselotte entwickelt eine multiple Persönlichkeitsstörung, um vor der Welt zu fliehen und sich selbst zu finden.

Lieselotte – die Last von zwei Leben
Paperback, Format 13,5 x 20 cm, 252 Seiten
ISBN: 978-3-96174-094-9
September 2021
VK: 11,95 €
Edition Paashaas Verlag, www.verlag-epv.de

Renate Habets
Nur ein Leben

Judiths Leben scheint vorgezeichnet: aufwachsen in zwar schwerer Zeit, aber eine trotz allem behütete Kindheit und Jugend, danach das Studium, dann Ehe und Familie. Aber so soll es nicht kommen. Das Leben geht seinen eigenen Weg und zwingt die Frau, Abschied von ihren Vorstellungen zu nehmen und einen selbständigen Weg zu suchen, der nicht vorge-zeichnet ist.
Ein Frauenleben nimmt seinen Lauf, überraschend, lebendig, psychologisch durchdacht.

Paperback, Format, 14,8 x 21 cm, 212 Seiten
ISBN: 978-3-96174-049-9
VK: 11,95 €
September 2019
Edition Paashaas Verlag, www.verlag-epv.de

Viele weitere Bücher finden Sie auf
www.verlag-epv.de